Heiterkeit ist ein wertvolles Gut, etwas, das man hüten und aufheben muss, das, wenn man nicht darauf aufpasst, Gefahr läuft, verloren zu gehen – in der Düsternis des Alltags, im Ernst des Lebens. Doch wie bewahrt man sich eine heitere Gelassenheit? Was ist das Geheimnis von Menschen, die sich vom Leben einfach nicht unterkriegen lassen?

Andreas und Stephan Lebert fertigen Schichtaufnahmen der Heiterkeit an, leuchten ihre Verläufe aus, ihre Ballungen, ihre Gesetze, ihre Verstecke: Gerade dann, wenn das Leben sich anschickt grau zu werden, wenn es plötzlich nur noch eine Handlung zu geben scheint – gerade dann lohnt sich ein besonderer Blick auf das scheinbar Nebensächliche, gerade dann offenbart sich das Geheimnis der Heiterkeit. Besonders Menschen, die viel erleiden mussten, wissen den unermesslichen Wert der guten Laune zu schätzen. Andreas und Stephan Lebert nehmen uns mit auf eine Reise zum unverwundbaren Kern der Menschen und zeigen uns, was wir wirksam gegen den Ernst des Lebens unternehmen können.

Andreas Lebert ist seit 2002 Chefredakteur von Brigitte. Er entwickelte das Magazin der Süddeutschen Zeitung, das er bis 1996 leitete, und die Jugendbeilage Jetzt. Außerdem konzipierte er die Leben-Seite der Wochenzeitung Die Zeit.

Stephan Lebert arbeitet – nach Stationen bei der Süddeutschen Zeitung, dem Spiegel und beim Tagesspiegel – als Redakteur bei der Zeit. Er wurde u. a. mit dem Egon-Erwin-Kisch-Preis ausgezeichnet.

Zusammen veröffentlichten die Brüder Andreas und Stephan bei S. Fischer den Bestseller ›Anleitung zum Männlichsein‹.

Unsere Adresse im Internet: www.fischerverlage.de

Andreas Lebert / Stephan Lebert

Der Ernst des Lebens

Und was man dagegen tun muss

Fischer Taschenbuch Verlag

Veröffentlicht im Fischer Taschenbuch Verlag,
einem Unternehmen der S. Fischer Verlag GmbH,
Frankfurt am Main, Juli 2010

Lizenzausgabe mit
freundlicher Genehmigung der S. Fischer Verlag GmbH

Satz: Pinkuin Satz und Datentechnik, Berlin
Druck und Bindung: CPI – Clausen & Bosse, Leck
Printed in Germany
ISBN 978-3-596-18087-5

Weyprecht empfindet Genugtuung darüber, gegen die Vorhaltungen und Zweifel aus den Reihen der k. u. k. Marine recht behalten zu haben. Nur keine Südländer!, hatte man ihm gesagt, Norweger, Dänen oder Russen habe er für eine arktische Expedition anzuheuern. Aber es sind Italiener und Dalmatiner, die auch in der Dunkelheit der Winternacht, wenn es ruhig ist und windstill, auf das Eis hinaussteigen werden und dort im Schein der Fackeln Bocce *spielen. Er habe, wird Weyprecht später an eine Freundin schreiben, seine über alles geachteten Südländer mitgenommen, weil sie über* das Kostbarste *verfügten, worüber Menschen inmitten der Drohungen des höchsten Nordens überhaupt verfügen können – über die Heiterkeit. Dies der Welt mitzuteilen, wird Weyprecht seinen Brief schließen, sei ihm stets ein größeres Anliegen gewesen als die Nachricht von der Entdeckung des* Franz-Joseph-Landes.

Aus *Die Schrecken des Eises und der Finsternis*
von Christoph Ransmayr

Inhalt

1. Kapitel

Die Sache mit der Heiterkeit – oder manchmal ist es ganz einfach

Wir fangen dieses Buch mit einem Hund an. Man muss ihn sich vorstellen wie ein Standardpaket der Post, viereckig, 40 mal 20 mal 35 Zentimeter. Er war eine Französische Bulldogge, und er hat sein ganzes Leben lang darunter gelitten, dass er mit einem Mops verwechselt wurde. Von seinen Eigenschaften war nichts Standard. Zum Beispiel hatte er einen besonderen Bezug zur Musik. Wenn ihm langweilig war, fing er an zu singen. Man kann es nicht anders sagen. Er hob den bulligen Kopf zum Himmel, aber was aus seiner Kehle kam, war kein Wolfsgeheul, schon gar kein Gebell, mehr ein sehr lautes, opernartiges Geräusch, Marke Liebestod, Tristan. Für diese Eigenschaft lassen sich noch heute Hunderte leidgeprüfter Zeugen im ganzen Ort auftreiben.

Seine andere Leidenschaft ist nur im engsten Familienkreis bekannt. Es gab nämlich ein Signal, das diesen Hund auch aus noch so entfernten Ecken des Grundstückes auf zuverlässigste Weise herbeiholte, egal womit er gerade beschäftigt war. Es war keine geräuschlose Hundepfeife, kein Trick beim Rufen seines Namens, sondern es hatte eigentlich gar nichts mit ihm zu tun. Man musste nur irgendeinen Hit der amerikanischen Popband The Beach Boys auflegen. »Surfin' USA« zum Beispiel oder »Barbara Ann«. Er stürmte heran, kratzte an Türen, ließ so lange nicht locker, bis er glücklich vorm Lautsprecher saß. Sobald die Musik wechselte, verließ er augenblicklich den Raum. Diese Bulldogge war eindeutig ein gigantischer Beach-Boys-Fan.

Manchmal ist es so einfach. Manchmal ist es nur eine kleine Erinnerung. Wir, die beiden Autoren, sind mit diesem Hund aufgewachsen. Wir wissen, warum er Kastl genannt wurde. Das ist die Abkürzung des schönen bayerisch-römischen Namens Kastulus. Lange her, das Aufwachsen. Unendlich viel vergessen auf dem Weg. Aber nie vergessen: der kleine Beach-Boys-Fan. Und zwar aus einem rein egoistischen Grund: Sein Bild vor der Lautsprecherbox ist immer für ein Lächeln gut, sorgt immer für einen Anflug guter Laune. Und es stellt sich gar nicht so selten ein, dieses Bild. Man hört einen Song im Radio, man sieht eine Bulldogge auf der Straße, man wird nach seiner Lieblingsmusik gefragt – oder man sieht im Fernsehen Experten einer Talkrunde, die darüber diskutieren, ob Tiere wirklich Gefühle haben. Schade, dass sie unseren Hund nicht kannten.

Wir halten fest: Für uns, die beiden Autoren, ist die Französische Bulldogge Kastl ein Speicher für Heiterkeit. Begriffe übrigens wie Heiterkeit, gute

Laune, Humor, Adjektive wie witzig oder lustig werden in diesem Buch naturgemäß eine große Rolle spielen. Sie auseinanderzuhalten, manchmal sehr genau, wird eine unserer Aufgaben sein. Sie bedeuten nämlich keineswegs dasselbe.

Ein anderer Speicher ist ein einziges Wort. Entdecker der Magie dieses einen Wortes ist ein Freund. Der Freund heißt Wolfgang. Das Wort heißt »Frisurproblem«. Anfangs verwendete es Wolfgang ausschließlich dort, wo es hingehörte, aber mit einer gewissen Leidenschaft. Sein Blick auf den Kopf der Menschen, egal ob sie fürs Amt des Bundespräsidenten kandidierten, die Hitparade stürmten oder vorne an der Straßenecke Crêpes verkauften, war legendär. Erstaunlich, was er dort oben alles entdeckte und was er als Problem definierte: die Verwendung von Gel an der falschen Stelle, die ersten Spuren der Farbe Grau ... Meisterhaft, sein Erkennen darin, wem der Betreffende versuchte zu ähneln, allein über die Frisur. Im Freundeskreis konnten seine Bemerkungen dauerhafte Image-Beschädigungen auslösen. So kämpfte ein Kollege jahrelang gegen den – aus seiner Sicht an den Haaren herbeigezogenen – Eindruck, er wolle aussehen wie der verstorbene Popsänger Falco.

Frisurproblem. Bald verwendete Wolfgang dieses Wort in größeren Zusammenhängen. Zum Beispiel, als er zur Mittagszeit in Berlin einen sichtlich ramponierten Bekannten traf, der die Nacht zuvor einen fürchterlichen Alkoholabsturz erlebt hatte.

Der Mann hatte dadurch ein ganzes Bündel durchaus ernster Probleme. So hätte er um diese Zeit eigentlich schon dringend in Paris sein müssen. Was macht Wolfgang? Er blickt auf den Kopf, findet auch hier Spuren des noch nicht beseitigten Desasters und sagt: »Kann es sein, dass du ein Frisurproblem hast?«

Und es ging immer weiter, immer höher hinaus, verließ sogar den Hoheitsraum Mensch. Bäume, zum Beispiel Palmen, wurden ebenso als Problemfall erkannt wie Gebäude. Den Draht- und Kabelverhau auf den Dächern ansonsten wunderschöner Häuser in Rom oder Athen konnte er gar nicht mehr anders betrachten als unter dem Gesichtspunkt: Frisurproblem.

Eine ansteckende Sichtweise. Im weiteren Umfeld unseres Freundes hat sie Karriere gemacht. Vielleicht deshalb, weil der überraschende Perspektivwechsel eine enorme Kraft in schwierigen Situationen entwickelt. Entschärfend, entwaffnend, lustig.

So ist eine Szene überliefert, die im Finanzamt München Land spielt und mit der finanziellen Zertrümmerung eines Ehepaars zu tun hat. Ein Beamter hatte den beiden gerade erklärt, welch unfassbar hohe Summen sich in ihrem Fall hinter der erhobenen Steuerschuld verbargen. Der Gang zum Auto war lang und schwer und schweigend. Erst nach Anlegen des Sicherheitsgurtes wurde klar, dass die beiden unseren Wolfgang kennen. Der Mann lächelte nämlich plötzlich und sagte in Erinnerung an die verrutschte Haartolle des bösen Beamten zu seiner Frau: »Egal, wie es mit *uns* weitergeht, eines steht fest: *Der* Typ hat ein Frisurproblem.«

Manchmal ist es so einfach. Die Besonderheit eines Hundes, die Philosophie eines Wortes. Oder das leuchtende Hellblau eines Buch-Umschlages. Ganz genau: lackiertes Papier, silbergraue Schrift. »Herr der Fliegen«, William Golding. Es steht in einem weißen Regal, zweite Reihe von oben, ziemlich weit rechts, in einer Wohnung in Hamburg. Es geht nicht darum, dieses Buch wieder und wieder zu lesen oder darin zu blättern. Nicht mal der Inhalt des Romans spielt eine Rolle, der ist nämlich traurig, handelt von der Schlechtigkeit des Menschen. Es geht nur darum, dass es da ist, dieses Buch. Um eine Art elektrischen Impuls, den es auslöst, wenn es da ist.

Es war ein Winternachmittag in Niederbayern. Ein kleines Mädchen beim Schlittenfahren. Papa, darf ich mal alleine? Nein. Doch. Na gut. Der Schlitten nimmt Fahrt auf, plötzlich die falsche Richtung, ein Baum im Weg, der Kopf des Mädchens knallt dagegen, das schreckliche Geräusch von Knochen auf Holz. Das Blut im Schnee, die panische Fahrt zur Klinik, das Licht über dem zur Unkenntlichkeit geschwollenen Gesicht, die Röntgenbilder an der Wand, die Diagnose Stirnbeinbruch. Höchste Gefahr der Gehirnblutung, vor allem in den nächsten Stunden, in der ersten Nacht.

Von diesem Moment an gerechnet, verbrachte der Vater achtzehn Stunden neben dem Bett seiner

Tochter auf der Intensivstation. Seine einzige Ausrüstung in diesen quälenden Stunden war das Buch mit dem hellblauen Einband, das zufällig im Auto gelegen hatte. Die Geschichte, für die Golding den Nobelpreis erhalten hatte, wurde in dieser Nacht besonders getaktet – durch die Angst des Vaters, seine Schuldgefühle, die Geräusche der Apparate und die ständigen Kontrollen der Ärzte und Schwestern. Unter anderem das viertelstündliche Anleuchten der Pupillen des Mädchens, die bei einer Gehirnblutung nicht mehr reagieren würden.

Das war vor vielen Jahren. Der Impuls, den das Buch aussendet, ist nie schwächer geworden, ein Glücksflash. Die schlimme Geschichte damals ist gut ausgegangen. Das ist die Botschaft des Buches in dem weißen Regal rechts oben: Eine schlimme Geschichte kann gut ausgehen. Jedenfalls für diesen Vater, Golding möge ihm verzeihen. Für ihn ist dieses Buch zum Gefährten der Heiterkeit geworden, ein ganzes Leben lang.

Das Geheimnis der guten Laune. Offensichtlich kann das Gehirn über Umwege eine Befindlichkeit speichern: die gute Laune. Ja, es interpretiert sogar manchmal etwas um in diese Befindlichkeit. Das ist der erste Beweis dafür, dass gute Laune etwas Wertvolles ist, etwas, das man aufheben soll, wo immer es geht, etwas, das Gefahr läuft, verlorenzugehen – in der Düsternis des Alltags, in der Schwere des Lebens.

Wir wollen eine ganz besondere Computertomographie anfertigen, Schichtaufnahmen der Heiterkeit, ihre Verläufe ausleuchten, ihre Ballungen, ihre Gesetze. Und ihre Verstecke.

2. Kapitel

Helden der Heiterkeit (1)

Sigmund Freud

Ein Verbrecher, der am Montag zum Galgen geführt wird, sagt: Die Woche fängt ja gut an. Wir erzählen diesen Klassiker nur aus einem Grund: Ein besonderer Mann hat sich damit beschäftigt, und zwar ausführlich. Im August 1927 hat er seine Abhandlung »Der Humor« geschrieben, am 1. September 1927 wurde sie in Innsbruck verlesen, auf dem 10. Internationalen Psychoanalytischen Kongress. Der Name des Mannes: Sigmund Freud.

Er benutzt diesen Witz zu sehr grundsätzlichen Überlegungen. »Es ist Zeit, dass wir uns mit einigen Charakteren des Humors vertraut machen«, schrieb er. »Der Humor hat nicht nur etwas Befreiendes wie der Witz und die Komik, sondern auch etwas Großartiges und Erhebendes … Das Großartige liegt offenbar im Triumph des Narzißmus, in der siegreich behaupteten Unverletzlichkeit des Ichs. Das Ich verweigert es, sich durch die Veranlassungen aus der Realität kränken zu lassen, zu Leiden nötigen zu lassen.«

Die Veranlassungen aus der Realität … Die Verweigerung, sich kränken und verletzen zu lassen … Oder man wird – um beim Witz zu bleiben – am Montag zum Galgen geführt. Freud: Das Ich »beharrt dabei, daß ihm die Traumen der Außenwelt nicht nahegehen können, ja es zeigt, daß sie ihm nur Anlässe zu Lustgewinn sind. Dieser letzte Zug ist für den Humor durchaus wesentlich.«

Der Gottvater der Psychoanalyse spekuliert in seinem Aufsatz, was der Mann vor der Hinrichtung stattdessen hätte sagen können. Zum Beispiel: Ich mach mir nichts daraus. Was ist schon dabei, wenn ein Kerl wie ich aufgehängt wird? Die Welt wird daran nicht zugrunde gehen … »Diese Rede«, schreibt Freud, »enthält zwar die großartige Überlegenheit über die reale Situation, sie ist weise und berechtigt, aber sie verrät auch nicht die Spur von Humor, ja, sie ruht auf einer Einschätzung der Realität, die der des Humors direkt zuwiderläuft. Der Humor ist nicht resigniert, er ist trotzig.«

Eine der großen Leistungen von Sigmund Freud war die Formulierung des Ichs und des Über-Ichs der menschlichen Seele. Sehr verkürzt dargestellt ist das Über-Ich die Erbsubstanz der Eltern, die unser Ich ein Leben lang wie ein Kind behandelt und in strenger Abhängigkeit hält. Freud-Forscher halten seinen Text über den Humor unter anderem deshalb für so bemerkenswert, weil darin das Über-Ich zum ersten Mal in freundlicher Stimmung vorgeführt wird. Freud schreibt also unsere Fähigkeit zum Humor dem Über-Ich zu. Das ist für Psychoanalytiker gewiss eine wichtige Erkenntnis. Was für uns viel wichtiger ist – die immense Kraft, die Freud im Humor sieht, das ganz besondere Rezept, mit dem Leben klarzukommen, und zwar komme, was da wolle. Freud: »Der Humor will sagen: Sieh her, das ist nun die Welt, die so gefährlich aussieht. Ein Kinderspiel, gerade gut, einen Scherz darüber zu machen.«

3. Kapitel

Der Trick mit den Nebendarstellern – oder die Kunst, sich in einen ganz anderen Film zu beamen

In der Astronomie ist die Methode eine Selbstverständlichkeit. Jeder muss sie lernen, der nachts das Weltall beobachten will, muss sie bis zur Perfektion üben: die Methode des indirekten Sehens.

Mitten in der Nacht, schwarze Dunkelheit, das Teleskop in den Sternenhimmel gerichtet, zum Beispiel auf die miteinander tanzenden Galaxien M81 und M82 im Sternbild Großer Wagen, Entfernung 16 Millionen Lichtjahre. Man guckt durch die Linse – und man sieht sie. Zwei weißliche, zarte Nebelflecken. Das ist direktes Sehen. Das kann man in hundert Nächten wiederholen und man wird immer und immer dasselbe sehen. Aber es wird einem auch immer dasselbe verborgen bleiben.

Fortschritte macht man nur, wenn man das, was man eigentlich sehen will, wofür man den ganzen nächtlichen Aufwand betrieben hat, links liegenlässt, also nicht anschaut. Es gilt einen Punkt daneben zu fixieren, ihn mit aller Konzentration zu fokussieren und nicht loszulassen. Ein bisschen trist am Anfang, wird aber dann ganz plötzlich auf überraschende Weise belohnt. Jetzt, im Bildrand gewissermaßen, zeigen die Galaxien, was sie draufhaben: die weit ausholenden Spiralarme, die gigantischen Regionen dunkler Materie, die hellen Punkte, in Wahrheit große Haufen junger Sterne. Das ist indirektes Sehen.

Man schaut woanders hin, um das Eigentliche zu sehen. Das funktioniert nicht nur im Weltall.

Sondern auch zum Beispiel im Alltag eines Polizisten. Der Kriminalkommissar Hans Brendel, Fachgebiet Wirtschaftskriminalität, nennt das eine der wichtigsten Erfahrungen: Scheinbar unbedeutende Nebenfiguren führen immer zu den besten Ermittlungsergebnissen. Bei Durchsuchungen in Büros von Konzernen sei es eben nicht wichtig, auf die Verdächtigen zu achten, sondern vielmehr darauf, was für ein Gesicht die Sekretärin macht, welche Reizbarkeit man bei einem Assistenten spürt. Ob es einen Büroboten gibt, der Ärger mit dem Chef hat. Solche Leute sich zur Seite zu nehmen und zu sagen, »wollen wir beide nicht mal einen Kaffee trinken gehen« – dabei kommt am meisten heraus. Brendel gehörte jahrzehntelang zu den Topermittlern der Kriminalpolizei in Deutschland.

Blick auf den Nebendarsteller, nächstes Beispiel: Pressekonferenz in Berlin, eine Ministerin wird nach ihrem ausführlichen Statement zu einem Gesetzentwurf von Journalisten gefragt. Wie das so läuft: »Vor einem Jahr haben Sie noch etwas anderes gesagt …

Wir haben dazu aber auch gegenteilige Zahlen … Was bedeutet der Kommentar aus dem Innenministerium … und die Kritik von der Opposition?« Direktes Sehen: die Ministerin am Mikrophon, vor den Kameras, routinierte Professionalität, Wiederholungen des Vorgefertigten. Indirektes Sehen: Schräg hinter der Ministerin sitzt eine Frau, die alles tut, um unauffällig zu sein. Haare zurück, weiße Bluse, dunkelblauer Rock, kein Schmuck, kaum Make-up. Sie hat Akten auf dem Schoß und einen Laptop neben sich. An ihr ist die Nervosität ihrer Chefin abzulesen, an den rötlichen Flecken an ihrem Hals, an ihrer zunehmenden Hektik, mit der sie versucht, der Ministerin passende Fakten für ihre Antworten zu liefern. Diese Frau ist es, die ein Zischgeräusch der Ministerin empfängt, seitlich aus dem Mund nach hinten geschossen, »Wo bleiben die Zahlen?«, und dann nochmal: »Wofür habe ich Sie eigentlich dabei?«

Noch gehaltvoller wird der Blick auf diese Nebenfigur, wenn man ein bisschen mehr über sie weiß. Schon als sie am Morgen aufstand, war ihr klar, was ihr bevorstehen würde. Sie kannte ja den Gesetzentwurf, wusste, wie und warum er so unausgegoren war, wie viele politische Winkelzüge in Wahrheit dahintersteckten und welche Fragen kommen würden. Aber vor allem war ihr klar: Am Ende würde alles wieder bei ihr hängenbleiben. Ihr Lebensgefährte war an diesem Morgen auch keine Hilfe, als er über den Frühstückstisch hinweg sagte: »Wir müssen mal grundsätzlich über unsere Beziehung reden. Ich habe das Gefühl, du nimmst deinen Job zu wichtig.«

Wir behaupten: Die Methode des indirekten Sehens führt in der Berliner Republik immer zu einer Nebenfigur, die von den Feinheiten des Eigentlichen erzählt. Es gab mal einen strengen Innenminister, der hatte einen Behördensprecher. Nennen wir den armen Mann Meyer. Legendär waren die Wutausbrüche ihm gegenüber, legendär die Frage des Ministers bei jedem politischen Gau: »Wo ist dieser Meyer?« Der freundliche, große, schmale Mann war immer schuld. Wer wissen wollte, was dieser Minister wirklich draufhatte, brauchte seinen Fokus nur auf Meyer zu richten.

An dieser Stelle lenken wir die Aufmerksamkeit auf einen alten Fotografen. Er war bei einer großen Münchner Tageszeitung beschäftigt, ein Handwerker, alles andere als ein Star. In keiner Selbstdarstellung des Verlages, keiner Präsentation, keinem Film, keiner der vielen Beschreibungen von Tradition und Qualität wird man seinen Namen finden. Dabei hätte er viel erzählen können, so viele hat er im Lauf der Zeit fotografiert, alle Entscheider, Hoffnungsträger, Topmanager, all die angeblichen Hauptfiguren. Und selbst sein Ende erzählt noch was: Er starb in der Drehtür zur Redaktion, hoch betagt, weit über achtzig, vermutlich ein Herzinfarkt. Dieser Tod sorgte nochmal für ein bisschen Aufregung in der Bude. Wir meinen jetzt nicht den Skandal, dass er – wegen der fehlenden Altersversorgung – buchstäblich bis zum letzten Atemzug arbeiten musste, sondern das Theater, das nur wenige Stunden später im Hof der Zeitung aufgeführt wurde.

Zwei sehr alte Damen standen am Auto des Verstorbenen und stritten sich bis zur Tätlichkeit darum, wer von ihnen beiden jetzt den Wagen mitnehmen dürfe. Der Ressortleiter des Lokalteils warf sich dazwischen und kehrte aus dem Kampf mit folgender Nachricht zurück in die Redaktion: »Die eine war seine Ehefrau, die andere seine Geliebte.«

Wir, die beiden Autoren, arbeiten im Zeitungsmilieu. Deshalb sei uns verziehen, dass auch der nächste Auftritt einer Nebenfigur wieder Einblick in eine Tageszeitung gewährt. Diesmal nicht in München sondern in Berlin, diesmal geht es nicht um die Drehtür im Eingang, sondern um den Taxistand davor. Es geht auch nicht um eine besondere Fahrt, sondern um eine junge Fahrerin. Sie unterscheidet sich von ihren Taxi-Kollegen dadurch, dass sie immer wieder hier anzutreffen ist, wann immer möglich zu diesem Stand zurückkehrt. Ihr Lieblingsplatz, sagt sie. Sie komme sich hier vor wie in einem Film, kenne schon so viele Geschichten und Marotten ihrer Kunden. Der Herausgeber der Zeitung beispielsweise bitte sie immer – wirklich immer –, auf halbem Weg umzukehren, weil er etwas vergessen habe. Der Chefredakteur zeige ihr in letzter Zeit immer Farbmuster, verschiedene Varianten eines dunklen Rot-Tons. Mit der Überarbeitung des Schriftzuges auf der Titelseite sei er beschäftigt und wolle immer wissen, welche Farbe ihr am besten gefalle. Der Feuilleton-Chef ist der, der immer zu spät losfährt und es auch meistens nicht mehr schafft, rechtzeitig zum Theater zu kommen. Es gibt einen Reporter, der irgendwie in Geldschwierigkeiten stecken muss, anders ist nicht zu erklären, dass er nicht bar bezahlen kann, sondern eine Rechnung geschickt haben möchte. Und sie kann von einer Politikredakteurin erzählen, die offenbar mehrere Zuhause hat. Eines ist bei ihrem Mann, eines bei einem Kollegen, und das dritte, da weiß selbst unsere Fahrerin noch nicht, wer da dazugehört.

Wir behaupten: Der Blick auf die Nebendarsteller macht das Leben reicher – und heiterer. Und setzen die Beweisführung fort am Beispiel der Mondlandung 1969. Zu jedem wichtigen Jahrestag wird die Geschichte um die Astronauten Armstrong und Co. wieder aufgelegt. Von Träumen ist dann immer die Rede, von Mut, vom großen Schritt der Menschheit. Was kaum einer weiß: Es gab 1969 noch einen mutigen Mann. Nürnberger war er, jung war er, Peter Sartorius hieß er. Er war nicht besonders erfolgreich, deswegen in einer Art Krise mit seinem Beruf, dem Journalismus, und er hatte sich vorgenommen, die bevorstehende Mondlandung als entscheidende Weiche für seinen weiteren Lebensweg zu benutzen: Bin ich gut genug für diesen Job? Bis zu diesem Zeitpunkt berichtete Peter Sartorius nie von den wirklich wichtigen Ereignissen, er wurde nicht in die Welt hinausgeschickt, er verrichtete seinen Dienst in der näheren Umgebung und am Schreibtisch. Doch jetzt brach er auf, auf eigene Rechnung, mit dem letzten Geld, das er hatte, ohne Auftrag. Ziel: Amerika, genauer: Houston, Texas, und Cape Canaveral, die irdischen Schauplätze des Mondabenteuers.

Der Plan war wenig vertrauenerweckend: Ein Bekannter in Nürnberg hatte Zugang zu einem Fernschreiber. An diesen Fernschreiber wollte Sartorius seine Berichte schicken, der Bekannte sollte sie weiterleiten. Sartorius hatte ihm eine Liste gegeben, darauf standen so ziemlich alle deutschen Zeitungen. Und Sartorius traf eine Vereinbarung mit sich selbst: Wenn niemand diese Berichte haben will und druckt, dann hört er mit dem Journalismus auf.

Acht Wochen blieb er in Amerika, in kleinen Absteigen. Jeden Tag lieferte er, was das Zeug hielt – Kommentare, Reportagen, Interviews, Porträts, Meldungen. Das Besondere an seiner Situation: Er schickte seine Artikel per Fernschreiber gewissermaßen in ein schwarzes Loch. Zur Erinnerung, es gab damals keine Handys, keine E-Mail, kein Faxgerät, und jedes Telefonat mit dem anderen Kontinent war derart teuer, dass der Etat von Sartorius nicht ein einziges Gespräch zuließ. Er wusste also all die Wochen nicht, ob seine Texte angekommen waren, ob jemand sie gelesen hatte, ob irgendetwas davon irgendwo erschienen – oder ob alles im Papierkorb gelandet war.

Unermesslich die Emotionen, als Neil Armstrong seinen Fuß zum ersten Mal auf den Boden des Mondes setzte. Das ist bekannt. Weniger bekannt sind die Gefühle, die Peter Sartorius hatte, als er zum ersten Mal wieder seine Füße auf den Boden des Frankfurter Flughafens setzte. Hinter ihm lagen eine lange Busfahrt mit dem Greyhound nach New York, der Flug und die von Meile zu Meile wachsende Gewissheit, gescheitert zu sein. Müde, aber gefasst näherte er sich der Passkontrolle. Der Zollbeamte blickte auf den Ausweis und fragte: »Wie ist es denn da, in Houston, Herr Sartorius?«

Herr Sartorius antwortete irgendetwas und war schon ein paar Meter weiter, als ihm etwas auffiel. Er kehrte um und fragte den Beamten: »Woher wissen Sie, dass ich aus Houston komme? Ich bin doch aus New York geflogen ...«

»Aber Herr Sartorius«, antwortete der Mann lächelnd, »wir haben doch alle jeden Tag Ihre Berichte gelesen, in allen Zeitungen ...«

Es lohnt sich, an dieser Stelle einen Moment innezuhalten. Unser kleiner Nebendarsteller wurde später ein Reportergigant, vielfach preisgekrönt und kopiert. Seine große Karriere begann genau in dem Augenblick, als der Zöllner diese Sätze sagte und Peter Sartorius auf eine Flughafentoilette ging, sich einschloss und weinte.

Das Prinzip Nebendarsteller. In Hollywood gehört dieser Perspektiv-Wechsel zum genetischen Programm, zu besichtigen in unermesslich vielen Geschichten – und zwei grundsätzlichen Varianten.

Die Variante A wird besonders deutlich in dem

Film »Das Appartement« von Billy Wilder. Jack Lemmon ist ein Mann, der nirgendwo im Leben die Hauptrolle hat, nicht in seiner Firma, nicht bei irgendwelchen Frauen, nicht an Weihnachten und nicht an Silvester. Diese Nebenfigur des Daseins rückt der Regisseur in den Mittelpunkt, macht sie zum Star. Und die ganze Welt hat über diesen Mann gelacht, der seine Wohnung für die Schäferstündchen seiner Chefs verleiht – während er selbst sich draußen im Regen einen Schnupfen holt. Den Kleinen derart zum Großen machen, dass wir alle am Boden liegen vor Lachen, so wurde Charlie Chaplin berühmt, Woody Allen, Roberto Benigni. Diese Variante macht den Nebendarsteller zum Hauptdarsteller.

Die Variante B ist direkt: Nebenrolle bleibt Nebenrolle. Amerikanische Filmregisseure wissen, wie wichtig solche Typen sind, ihre Eigenschaften, ihre Besetzung. Es gibt eine regelrechte Nebenrollen-Kultur, Schauspieler und Schauspielerinnen, die auf Nebenrollen festgelegt sind, und das ist überhaupt keine Niederlage. Sie werden von den Zuschauern geliebt, man will sie immer wieder in solchen Rollen sehen. In jeder Oscar-Verleihung ein echter Höhepunkt: der Oscar für die beste weibliche und die beste männliche Nebenrolle.

Jack Elam hat keinen Oscar gewonnen, aber als einziger Schauspieler kann der Mann mit den merkwürdigen Augen von sich sagen, in den allerberühmtesten Western mitgespielt zu haben. Zwei seiner unendlich vielen Auftritte seien hier erwähnt: In »Spiel mir das Lied vom Tod« spielt er einen Revolverhelden, der am Bahnhof wartet und von einer Fliege geärgert wird. Ein großartiges Kabinettstückchen liefert er in dieser Szene ab. Wie er das Insekt schließlich mit dem Lauf seines Revolvers einfängt, sich an dem Geräusch erfreut, das die Fliege darin macht. Wer sein Gesicht dabei in Großaufnahme gesehen hat, wird es nie wieder vergessen, obwohl Jack Elam in dem Film kein zweites Mal auftaucht – als der Zug kommt, wird er gleich erschossen. Fast zwanzig Jahre zuvor war sein Gesicht noch kürzer zu sehen. Die Augen waren damals schon merkwürdig, und der Film nicht weniger berühmt: »High Noon – Zwölf Uhr mittags«. Einen Besoffenen spielte er, der in der Zelle seinen Rausch ausgeschlafen hat und vom Sheriff Gary Cooper rausgeschmissen wird, bevor der zu seinem finalen Kampf antritt.

Der Kult-Regisseur Quentin Tarantino hat den Ruf, jeden Nebendarsteller in praktisch jedem Film, die lausigsten B- und C-Produktionen inbegriffen, in seinem Kopf gespeichert zu haben. Er besetzt auch jede Nebenrolle in seinen eigenen Filmen mit einem dieser – aus seiner Sicht genialen – Leute. Die Schauspielerin Daryl Hannah erzählt von einem Spaziergang mit ihm auf einem Boulevard in Los Angeles, wo Tarantino plötzlich völlig aus dem Häuschen geriet, weil er einen Mann erkannte. Es handelte sich um einen Schauspieler, der in einem Café saß. Er sah ihn nur von hinten, aber das war schon genug. Es war genau der Hinterkopf aus einer einzigen Szene eines Blutschockers, von dem Daryl Hannah noch nie etwas gehört hatte. Sie weiß noch, wie enttäuscht Tarantino war, dass sie diesen Film nicht würdigen konnte. Aber was sie wirklich beeindruckt hat, war seine Euphorie beim Anblick dieses Nebendarstellers.

Wir, die beiden Autoren, schließen uns nun der Euphorie des Regisseurs an und preisen unsere Favoriten in diesem Genre. Zunächst fünf Frauen.

1. Susan Sarandon in »The Rocky Horror Picture Show«. Wie sich die biedere, verklemmte Janet für einen kurzen Moment verwandelt und damit zur Ikone im Kampf gegen die Prüderie wird. Nur mit weißer Unterwäsche bekleidet singt sie das Lied »I wanna be dirty«, ich will schmutzig sein.
2. Eine Dame namens Betty Drull, circa 100 Kilo schwer, groß, breit, stark. Vorne auf einem Planwagen sitzend, chauffiert sie ihrem Glück entgegen – in einer »Karawane der Frauen«, so heißt der Western. Lauter Frauen, die ein neues Leben anfangen wollen auf dem Weg in ein Goldgräbernest, wo heiratswillige Männer warten. Die Frauen haben sich die Bräutigame schon ausgesucht, an Hand von Fotos. Betty Drull hat auf der abenteuerlichen Fahrt immer das Bild ihres Traumprinzen vor sich: ein kleines dürres Männchen.
3. Eine Mutter, die einen ganzen Film über, »Harold and Maude«, vornehmste Contenance bewahrt,

egal, was passiert. Und es passiert eine ganze Menge. Denn ihr Sohn Harold ist ein sonderbarer Geselle. Er inszeniert ständig – oft mehrmals am Tag – seinen Selbstmord: hängt am Galgen, treibt wie ein Toter im Schwimmbecken … Sein Hobby sind Begräbnisse, er fährt einen schwarzen Leichenwagen und präsentiert seiner Mutter schließlich noch eine achtzigjährige Geliebte – Maude. Wenn sich dieser Sohn zum Beispiel beim Abendessen in Gesellschaft einen Arm abhackt, zieht diese wunderbare Mutter höchstens eine Augenbraue hoch und sagt: »Harold, please.«

4. Ein junges Mädchen, nur mit einem Handtuch bekleidet, hat sich aus der Wohnung ausgesperrt. Sie läutet beim Nachbarn und betritt damit für eine kurze Szene den Film, den der Franzose Pierre Richard als »der große Blonde« bestimmt. Die Probleme, die sie dadurch auslöst, sind im Genre der klassischen Komödie zu Hause. Aber wir behaupten: Die Art, wie sie das macht, ist schon der Wegweiser zur ganz großen Karriere. Das junge Mädchen heißt Emmanuelle Béart.
5. Nochmal eine Mutter, diesmal die Mutter aller Nebenrollen. Was wäre James Bond mit all seinem großen Theater in der ganzen Welt, mit seinen Flugzeugabstürzen, Panzerjagden, seinen Bösewichtern, Drinks und den vielen Frauen – ohne diese eine, diese hinreißende Geheimdienst-Sekretärin mit dem bezaubernden Namen: Miss Moneypenny.

Und jetzt die Männer.

1. Ein Gesicht wie ein Bluthund, übersät mit Falten und Narben, hängende Backen, kleine Augen, die aus tiefen Furchen hervorlugen. Man sieht dieses Gesicht oft in Mafia-Filmen. Er ist gern der Mann fürs Grobe. Das ist auch in dem Film »Reine Nervensache« so. Diesmal aber droht seinem Boss, gespielt von Robert de Niro, die Gefahr nicht von der Polizei oder anderen Banden, sondern aus der eigenen Psyche. Das unfassbar Lustige ist, dass unser Bluthund mit der sensiblen Situation nicht so recht umgehen kann. Als beispielsweise seinem gefürchteten Mafiaboss vom Arzt die Diagnose eröffnet wird, nein, keine Herzprobleme, sondern Panikattacken, Angstzustände, schließt er schon mal die Fenster, zieht die Rollos runter und macht das Radio laut. In seiner Logik muss ein Mann, der so unverschämte Sachen zu seinem Chef sagt, sofort sterben.
2. Der Film heißt »Gilbert Grape – Irgendwo in Iowa«. Die Nebenfigur ist der kleine Bruder, 16 Jahre alt, behindert, geistig und körperlich. Er ist hilfebedürftig, man kann ihn eigentlich nie aus den Augen lassen. Das ist der Job seines großen Bruders Gilbert, jeden verdammten Tag und jede verdammte Nacht muss er sich um den Bruder kümmern. Er tut das auch, mit viel Geduld. Nur einmal platzt Gilbert der Kragen, er schüttelt seinen Bruder, schreit ihn an. Der Wutanfall endet mit dem Satz: »Und warum mach ich das alles?«

Es entsteht eine Pause, der Kleine guckt ihn an, dann sagt er sehr ruhig: »Weil du der Gilbert bist.« Diese Nebenrolle spielt Leonardo di Caprio. Der große Bruder ist Johnny Depp.

3. Ein freundlicher, schlanker Mann mit Schnurrbart ist der Running Gag des nächsten Films. Er arbeitet in einem kleinen Kaufhaus. Immer, wenn der etwas aufbrausende Chef laut allen seinen Angestellten zuruft: »Ich möchte jetzt mal offen Ihre ehrliche Meinung hören!«, erschrickt unser Mann sichtlich, jedes Mal wieder, und zieht sofort Konsequenzen: Er verlässt, wenn möglich, augenblicklich den Raum, oder er versteckt sich – unter Tischen, hinter Ladentheken … Der Film heißt »Rendezvous nach Ladenschluss«. Regie Ernst Lubitsch.
4. Abweisend und gefährlich auszusehen gehört zum Job dieses Mannes. Er ist Türsteher und Bodyguard im Rotlichtmilieu. Er ist tief schwarz, trägt Berge von Muskeln und die dunkelsten Sonnenbrillen. Nebenbei verdient er sich ein bisschen Geld, indem er Kakerlaken in frisch gekaufte Joghurts drückt und sich anschließend bei der Geschäftsleitung des Supermarktes beschwert – mit den maximal wenigen Worten: »Tausend Dollar her und ich halt's Maul.« Einen Mann mit seiner Ausstrahlung spricht man nicht an, und schon gar nicht stellt man ihm eine Frage. Unsere Lieblingsszene in dem Film »Striptease« ist die, in der es doch mal einer wagt und den Mann nach

seiner politischen Einstellung fragt. Sein Gesicht in Großaufnahme, ohne jede Regung, dann seine Antwort: »Seh' ich so aus, als würde ich mich für Politik interessieren?«

5. Wenn man den Charme und die Tragik der Hauptfigur der Fernsehserie »Monaco Franze« in einer Szene begreifen will, muss man ganz genau auf die Nebenfigur dieser Szene achten, auf Manni Kopfeck, und darauf, was er sagt. Die Szene geht so: Der Filou und Frauenheld Monaco Franze redet von einem bevorstehenden Abend, den er hasst: ein Besuch in der Oper mit anschließendem Beisammensein mit seiner Ehefrau und feiner, intellektueller, kunstsinniger Gesellschaft. Seine Verzweiflung gipfelt in folgender Sehnsucht: »Weißt du, Manni, ich möchte dann auch *einmal* was Kluges sagen, einmal nicht wie der Trottel dastehen.« Und der wunderbare Manni Kopfeck, gespielt von dem wunderbaren Karl Obermayr, schaut seinen Freund an, versteht genau, was er meint, und versucht durchaus mitfühlend zu sein, als er sagt: »Des wird schwer, Franze.«

Manchmal sind Nebendarsteller weder Mann noch Frau. In dem Film »2001: Odyssee im Weltraum« ist es ein Computer, der mit seiner Nebenrolle Filmgeschichte geschrieben hat. Sein Name HAL 9000, genannt HAL. Unvergessen ist sein Tod, im Sterben liegend singt er noch ein Lied, anfangs klar, dann immer langsamer: »Hänschen klein«.

In dem Film »Ich und die Kuh« ist es, wie der Titel schon verrät, eine Kuh. Jetzt ist allerdings zu bemerken, dass das Prinzip Nebendarsteller zwar fast immer gute Laune auslöst, aber eben nicht immer. Wir, die beiden Autoren, waren noch ganz klein, der eine noch kleiner als der andere, als wir von den Eltern zum ersten Mal abends allein gelassen wurden. Keine Sorge, Kinder, hier steht das Essen, da der Apfelsaft, und im Fernsehen kommt ein Film, den ihr sehen dürft, der ist richtig lustig. Der Film dreht sich um Folgendes: In den Kriegswirren macht sich ein Mann auf der Flucht eine besondere Tarnung zunutze: Er stiehlt eine Kuh und durchquert mit ihr an der Seite zu Fuß das ganze vom Krieg geschundene Land. Wirklich hübsch, die Freundschaft zwischen Mensch und Tier, wirklich lustig dieser Film. Wäre da nicht dieser Schluss, diese allerletzte Einstellung: Der Mann besteigt schließlich einen Zug in Richtung Freiheit, und er lässt die Kuh auf dem Gleis zurück. Dieser Schluss löste gleich zwei Traumata auf einmal aus. Der kleinere der beiden Autoren war außer sich, schrie, weinte, zitterte am ganzen Körper angesichts des Verrates an der Kuh. Der größere der beiden Autoren versuchte zu beruhigen und erlebte dabei seine Grenzen, zunächst versuchte er es mit Schokolade, Bilderbüchern – und schließlich mit einem bis heute guten, pädagogisch korrekten Argument: Es ist doch nur ein Film! Die Antwort des Kleineren hat allerdings ebenfalls bis heute Bestand. Sie wurde geschrien, gebrüllt, unter Tränen ausgestoßen, bis weit in die Nacht wiederholt: »Aber die Kuh weiß das doch nicht!«

Verlassen wir das persönliche Schicksal, kehren wir zurück zum Allgemeinen.

Das indirekte Sehen. Das Prinzip Nebendarsteller. Immer mehr Filmregisseure perfektionieren dieses Prinzip, verschreiben sich dieser Philosophie. Sie lösen den Unterschied zwischen Haupt- und Nebenrolle auf, die Gräben zwischen wichtig und unwichtig, oben und unten, klein und groß. In den Episodenfilmen wie »Short Cuts«, »Magnolia« oder »L. A. Crash« ist das zu besichtigen.

Auf diese Gleichberechtigung der Figuren geht der Schriftsteller Salman Rushdie in seinem Roman »Mitternachtskinder« ein, der unlängst zum besten Buch aller Zeiten gewählt wurde. Darin schlängelt sich der Autor auf immer neuen spiralförmigen Umwegen durch die Geschichte – Umwege, auf die er sich durch immer neue scheinbare Randbeobachtungen lenken lässt. Und das ist nicht nur eine Erzählmethode, sondern auch eine Philosophie, die er anpreist: Die Kunst des besonderen Blickes.

Unser Buch fühlt sich dem Heiteren verpflichtet, dem ausdrücklichen Kampf gegen das Graue und Düstere, und natürlich in erster Linie in der Realität, in unserem sehr persönlichen, eigenen Film.

Alle Überlegungen bisher führen uns zu einem ersten Trick, den wir empfehlen möchten.

Wenn die Hauptfiguren, die uns umgeben, sich anschicken, das Leben zu verfinstern, wenn es plötzlich nur noch eine einzige Handlung zu geben scheint, dann lohnt sich immer der Versuch, den besonderen Blick anzuwenden, Punkte daneben zu fixieren: die Nebendarsteller.

Das muss man üben wie die Astronomen: sich wirklich zu lösen von dem, worum es eigentlich geht, worin man gefangen ist. Es ist doch so: Wenn es schwer wird um einen herum, liegt es auch daran, dass sich alle Beteiligten sehr wichtig vorkommen und keiner davon lassen will. Der Trick besteht darin, sich in solchen Momenten auf andere zu konzentrieren, sich zu verlieren in einer ganz anderen Geschichte, sich, vielleicht nur ganz kurz, in einen anderen Film zu beamen. Das kann auf vielfältigste Weise entstehen, kann intellektuelle Fallhöhe haben oder nicht.

Einer der beiden Autoren kann sagen, dass ihm manchmal ein kleines Spiel geholfen hat: die Suche nach dem Mann des Wochenendes. Dabei gilt es, im normalen Alltag Ausschau zu halten. Einmal war dieser Mann ein bisschen übergewichtig und schwitzte stark. Es war Samstagvormittag, und sein Volvo-Kombi blockierte mit eingeschalteter Warnblinkanlage den breiten Gehweg auf Münchens Einkaufsboulevard Leopoldstraße. Bei genauerem Hinsehen war schnell klar: Das wird keine Angelegenheit von wenigen Minuten. Das Vorderteil eines rustikalen Holzsofas steckte in der geöffneten Heckklappe, der weitaus längere Rest des Sofas wurde lediglich von dem immer mehr schwitzenden Mann gehalten, dessen Hose allmählich zu rutschen begann. Keinerlei Hilfe in Sicht, dafür immer mehr Passanten, die sich aufregten und fragten, was er sich einbilde, hier den Weg zu versperren.

Was soll man sagen? Der eine der beiden Autoren schwört, dass ihn der Untergang dieses Mannes beim Kampf mit seinem Sofa auf andere Gedanken brachte. Man fragte sich, wie kam er in diese Situation? Man hörte im Geiste eine Ehefrau sagen: Wann endlich holst du eigentlich das Sofa von Tante Anna? Und man sah ihn vorm inneren Auge losfahren, noch nicht schwitzend, im sauberen Hemd und großen Kombi … okay, bin gleich wieder da … Zum Mann des Wochenendes wurde er erklärt, weil man merkte, dass er einen in Gedanken begleitete. Ob er es wohl geschafft hat? Wann? Wie?

Wir greifen an dieser Stelle einen Einwand auf, den man beim Ringen um die Heiterkeit immer wieder zu hören bekommt: Ist ja ganz nett, so eine Geschichte von dem dicken Sofa-Mann, ja, ja, da lacht man mal, nichts gegen Heiterkeit, aber bitte zum richtigen Zeitpunkt. Wenn die wirklichen Sorgen kommen, wenn ein ganz anderer Wind weht, dann bringt das doch gar nichts. Und ist auch geschmacklos und fehl am Platze.

Gegen diese Art von Einwand sind wir allergisch. Diese Art von Einwand gehört zu den Todfeinden der Heiterkeit – davon gibt es viele, und mit ihnen werden wir uns in diesem Buch noch ausführlich befassen. Jetzt aber wollen wir diesen Einwand ein für alle Mal entkräften, indem wir deutlich machen, in welcher Dimension wir die Heiterkeit sehen. Wir rufen dazu einen Kronzeugen auf, der zunächst mal Fachmann auf einem ganz anderen Gebiet ist.

Der weltbekannte Dirigent und Pianist Daniel Barenboim hat ein sehr besonderes Orchester gegründet, das aus lauter Musikern aus dem Nahen Osten besteht, also aus Israelis, Syrern, Palästinensern … Seine Idee ist es, mit Musik die Grenzen von Politik und Hass zu überwinden. Dieses Projekt hat großen Erfolg, aber es gab auch immer wieder Rückschläge. Als der Libanonkrieg ausgebrochen war, fehlte bei der nächsten Probe ein libanesischer Musiker. Barenboim erkundigte sich, was los sei. Der Mann erklärte, er werde schon wiederkommen, aber jetzt sei Krieg, da fühle er sich außer Stande, Musik zu machen. Denn Musik habe für ihn etwas mit Freude und guten Zeiten zu tun. Barenboim blieb höflich und hielt ihm seinen Platz im Orchester offen. »In Wahrheit aber«, sagte er im Gespräch mit einem der beiden Autoren, »hat der Mann von Musik gar nichts verstanden. Was für ein Irrglaube, Musik hätte nur etwas mit Freude und guten Zeiten zu tun. Musik ist davon völlig unabhängig, sie funktioniert zu allen Zeiten, ist immer nötig. Musik ist eine ganz andere Kategorie.«

Schöner hätte es Daniel Barenboim in unserem Sinne nicht sagen können. Eine andere Kategorie, das ist für uns auch die Heiterkeit. Es geht nicht um ein Scherzchen hier, einen lustigen Spruch da, um ein Begleitgeräusch bei schönem Wetter. Wer das meint, hat nichts verstanden. Heiterkeit ist eine Philosophie.

Ein Klinikum. Ein krebskranker Patient ist auf der Station 3 und weiß, er wird sie nicht mehr verlassen, er ist hier, um zu sterben. Es ist ihm mit Hilfe von Medikamenten möglich, stundenweise Schach zu spielen. Und er hat sich als Gegner einen Stationspfleger ausgesucht, vor allem nachts spielen sie, während dessen Bereitschaft. Und der Patient hört den Geschichten des Pflegers zu, die er nebenbei erzählt. Aus Afrika stammt er, aus Äthiopien. Viel Mist hat er erlebt, aber er hatte auch eine Oma. Und von der redet er. Sie kam immer, um den Kindern selbst erfundene Märchen zu erzählen, und als sie größer waren, kamen Witze dazu. Einer ging so:

Patient jammert über Husten

Arzt: Wie alt sind Sie?

Patient: 75

Arzt: Und haben Sie mit 35 gehustet?

Patient: Nein.

Arzt: Und haben Sie mit 55 gehustet?

Patient: Nein.

Arzt: Na, wann wollen Sie denn dann husten, wenn nicht jetzt?

Der krebskranke Mann auf der Station war ein guter Bekannter der beiden Autoren. Wir haben ihn einige Tage vor seinem Tod noch einmal besucht. Und man kann es gar nicht beschreiben, was es bedeutet hat für die Stimmung in diesem Krankenzimmer, als der Mann plötzlich sagte: »Ich habe einen Witz.« Und dann diesen erzählte.

Der Pfleger und dessen Oma waren Nebendarsteller. Der Blick auf sie hat unserem Bekannten sehr gut getan, hat ihn immer wieder, wenn auch nur für kurze Momente, in einen anderen Film gebeamt.

Der amerikanische Filmschauspieler Kirk Douglas hat es im Alter von 91 Jahren einmal so formuliert: »Nach meinem schweren Schlaganfall hatte ich eine Phase, in der ich an Selbstmord dachte. Man bekommt Depressionen, wenn man sich zu sehr mit sich selbst beschäftigt. Also bewahrt man sich ein klein wenig Humor und denkt stattdessen an andere. Das heilt dann die Depression.«

Heiterkeit ist eine Philosophie. Wir leihen uns nochmal die Analogie zur Musik von Daniel Barenboim. Sie funktioniert zu allen Zeiten, in den guten und in den ganz schwarzen auch. Und es sei hier verraten, dass das Spiel »Der Mann des Wochenendes« in eher dunkler Verfassung begonnen wurde. Und so möchten wir am Ende des Kapitels ein weiteres Spiel und einen letzten Nebendarsteller einführen. Das Spiel lautet: »Der Satz des Tages.« Dabei geht es darum, von all den vielen Sätzen, die man am Tag nebenbei aufschnappt, gesprochen von Nebendarstellern, den besten auszuwählen.

Einer der beiden Autoren hat einen aktuellen Favoriten, er hat ihn gehört in seinem Münchener Fitness Center. Jeden Sonntag läuft dort eine ungewöhnliche Truppe ein, baut in einem der Gymnastikräume eine Tischtennispatte auf und veranstaltet ein Turnier. Anscheinend haben sie irgendwann einmal ausgemacht, dass alle dabei die gleichen T-Shirts tragen. Weiß, rote Schrift: Erdinger Weißbier. Nicht mehr ganz jung sind sie, allzu sportlich wirken sie auch nicht in den manchmal etwas zu eng sitzenden Leibchen. Einer der Spieler heißt mit Vornamen Heinz. An dem betreffenden Tag hat er eine ziemliche Niederlage eingefahren. Seinem Gesicht in der Umkleidekabine nach zu urteilen, geradezu ein Fiasko. Und jetzt kommt der Dialog. Angefangen von dem Spieler, der ihn besiegt hat.

»Du Heinzi, leihst du mir's nächste Mal wieder deinen Schläger?«

Kniend, inzwischen mit nacktem Oberkörper im unteren Teil seines Spinds wühlend, antwortete er:

»Des brauchst du ned glaubn.«

4. Kapitel

Helden der Heiterkeit (2)

Gerhard Polt

»Ich will den Mann weiß Gott nicht schlecht machen, aber in meinen Augen ist dieser Bichlmeier eine echte Drecksau.«

Aus seinem Buch »Drecksbagage«, 2008

5. Kapitel

Trost von einem Unbeugsamen:
Der Schuster von Icking

Er hat nie Zweifel aufkommen lassen, vielleicht war es das. Er hat niemals Zweifel geäußert über sein Leben, warum es so gelaufen ist, wie es gelaufen ist. Nein, die Frage, wie es gekommen wäre, wenn er unter anderen Umständen aufgewachsen wäre, nicht im Krieg, nicht bei diesem bösen Vater, wie es geworden wäre, hätte er eine andere Frau kennengelernt, nein, solche Fragen hätte man ihm auch selbst nicht gestellt. Die große Ausstrahlung von Matthias Steiger bestand nämlich darin, dass er nie wie ein Opfer wirkte, geradezu absurd wäre ihm dieser Gedanke vorgekommen. Er war der Herr seines Lebens, in jedem Augenblick, und der Regisseur dieses Lebens. Mal Komödie, mal Drama, aber immer schrieb und deutete er selbst dieses Leben mit all seinen Geschichten. Und erkannte darin immer so viel pralle Wirklichkeit, in jeder Situation, dass für schwermütiges Grübeln gar keine Zeit blieb.

Wir, die beiden Autoren, sind mit diesem Mann aufgewachsen. Er hatte einen kleinen Kiosk samt

Schuhmacherwerkstatt in unserem Dorf Icking im Süden von München. Und unser Vater kannte ihn von der Pferderennbahn, unser Vater setzte Geld auf Pferde, Matthias Steiger tat es auch. Irgendwie ergab es sich, dass dieser Mann jeden Morgen zu uns zum Frühstück kam, jeden Morgen über viele Jahre hinweg. Es gab keinen einzigen Morgen, an dem er nicht kam. Erzählt man das, fragen die Leute: Wie bitte? Ein eigentlich Fremder kommt täglich zum Frühstück? Hat das nicht wahnsinnig genervt?

Nein, hat es nicht. Im Gegenteil. Er kam morgens gegen acht, brachte von seinem Kiosk frische Semmeln und Zeitungen mit. Und erzählte Geschichten aus unserem Dorf, von dem reichen Immobilienhändler, der in Wahrheit längst pleite war und bald ins Gefängnis musste, was aber noch nicht mal die eigene Frau wusste. Er erzählte von dem Schauspieler Gert Fröbe, der bei ihm zahllose Schnäpse trank, gegen all seine Ängste. Und er hörte zu und nahm Anteil an unserem Leben. Als einer der beiden Autoren ihm seine neue Freundin vorstellte, eine Engländerin, bemerkte er am nächsten Tag zu unserer Mutter: Nett sei das Mädchen, »und für 'ne Engländerin ist sie auch schön«. Steiger, der Weltmann. In seinem ganzen Leben war er nie im Ausland gewesen. Aber sollte irgendjemand Zweifel daran haben, dass er die Welt verstanden hat?

Matthias Steiger sagte Sätze wie »Deutscher, Arbeiter fange an«, dies bevorzugt montags, oder: »Früher war es anders, und heute ist es so«, bevorzugt in Momenten, wo die Gefahr bestand, ein bisschen wehmütig zu werden. Steiger hatte seinen Kiosk mehrere Jahrzehnte lang, auch schon während des Zweiten Weltkriegs. Er hat nie vergessen, dass sich bei ihm eines Tages die Jungs der letzten Klasse der benachbarten Schule abmeldeten, vierzehn gut gelaunte Jungs, die an die Front mussten. Kein einziger von ihnen kam zurück.

Dieser Mann verkörperte Vergangenheit und Gegenwart, und sicher hatte er einen großen Unterhaltungswert. Aber es war mehr: Steiger bestimmte den Sound des Morgens durch seinen Blick auf die Welt. Es kam auch öfter vor, dass er von eigenen Missgeschicken erzählte. Zum Beispiel war ihm eines Abends ein Eimer Leim auf ein Dutzend Paar Schuhe ausgelaufen, ohne dass er es bemerkte. Am Morgen hatte sich alles zu einem festen Klumpen geformt. Was nun? Er berichtete, er habe sich zur Flucht nach vorne entschlossen und den Leuten gesagt, ihre Schuhe, die sie besohlen lassen wollten, »diese alten Krampen«, habe er weggeschmissen. Ja, ja, sie sollten nur klagen. Nein, er war kein liebevoller, freundlicher alter Mann, den jeder gernhaben musste.

Steigers Leben. Andere wären mit dieser Biographie gar nicht mehr rausgekommen aus dem Lamentieren. Er wollte unbedingt auf eine höhere Schule gehen, studieren, Rechtsanwalt werden, das wäre sein Traumberuf gewesen. Der strenge Vater ließ nichts davon zu, Matthias hatte Schuster zu werden, wie er selbst, jede Widerrede wurde weggeprügelt. Er lernte seine Frau in jungen Jahren kennen, was sich zunächst glücklich anließ, wurde zu einer traurigen Ehegeschichte. Sie bekam schwere psychische Probleme, Depressionen, schizoide Zustände. Gerade als es etwas besserging, erkrankte sie an Krebs und starb qualvoll nach langen Jahren Krankheit. Steiger blieb an ihrer Seite, ohne je ein Wort darüber zu verlieren. Es war eben so, wie es ist.

Steiger spielte Karten, ging auf die Rennbahn, angelte, sammelte Pilze. Er schaute auf das Leben anderer wie eine Art Trüffelschwein: Er suchte, was interessant, schillernd ist, er wollte vor allem wissen, ob sich Leben frei anfühlt, selbstbestimmt. Er verehrte Schüler, die über den Strang schlugen und Ärger machten, und er schätzte reiche, erfolgreiche Leute, wenn sie immer weiter etwas riskierten und nicht erstarrten. Er mochte Leute, die viel verschenkten an Weihnachten, und vor allem solche Leute, bei denen Ende Januar dann der Gerichtsvollzieher vor der Tür stand und alles wieder mitnahm. Und er hatte eine besondere Theorie zum Thema Arbeit. Wenn die Menschen jung sind, sollten sie eine Rente bekommen, und wenn sie alt sind, sollten sie arbeiten. Denn als junger Mensch hat man etwas von der freien Zeit, als alter Mensch eher weniger. Er selbst hielt sich daran, Lebenskünstler in der Jugend und Arbeiter im Alter. Bis einen Tag vor seinem Tod hat er gearbeitet.

Als er starb, kam das ganze Dorf zur Beerdigung.

Er war so etwas wie die Seele des Ortes gewesen. Jeder wusste, dass mit seinem Tod etwas zu Ende ging.

Der eine der beiden Autoren lebt heute in Hamburg, der andere in Berlin. In beiden Wohnungen hängt ein kleines Foto von Matthias Steiger. Auch als ewige Mahnung, bloß kein Selbstmitleid aufkommen zu lassen.

6. Kapitel

Ein trüber Tag in Deutschland – oder der erste Versuch einer Anwendung

Ein eher trüber Tag in Deutschland. Wir, die beiden Autoren, stellen uns vor, dass die folgenden Szenen alle ungefähr gleichzeitig passieren.

Erste Szene: Ein Mann in schwerster finanzieller Not will vor einem Zivilgericht einen Leasingvertrag anfechten, der ihn in die Pleite treibt. Die Aktenlage ist leider relativ eindeutig: Auf acht verschiedenen Dokumenten befindet sich seine Unterschrift.

Zweite Szene: In einem schicken Hamburger Loft, im offenen Küchenbereich, nach einer stundenlangen, schon oft wiederholten bleiernen Diskussion zwischen einem Mann und einer Frau, fällt schließlich ein schneidender Satz. Sie sagt ihn: »Du kannst das jetzt ein für alle Mal vergessen, ich will keine Kinder, ein solches Leben werde ich nicht führen.«

Dritte Szene: Eine TÜV-Rampe in Schleswig-Holstein. Damit bei der Hauptuntersuchung auch wirklich nichts schiefgeht, hat der Besitzer des gelben Opel-Kombi älteren Baujahrs sein Auto geputzt, vorsorglich Bremsbeläge ausgetauscht und die Scheibenwischerblätter erneuert. Jetzt steht er neben dem Prüfer in der Grube.

Vierte Szene: Fünf Tage nach einer schweren Operation, bei der ihm das linke Bein amputiert wurde, wird ein sechzigjähriger Malzfabrik-Besitzer im Tiefgeschoss der Klinik zum Belastungs-EKG angemeldet. Er wartet seit einer Stunde in seinem Rollstuhl vor der Stahltür. Als endlich die Tür aufgeht, wird ihm erklärt, dass man in seinem Zustand die Untersuchung nicht durchführen könne.

Fünfte Szene: Ein professioneller Show-Autor hat noch eine Stunde Zeit. Der Moderator einer Live-Sendung im Fernsehen wartet auf einen ganz speziellen Witz von ihm. Das Gerüst des Witzes ist vorgegeben, das berühmte Gute-Schlechte-Nachrichten-Gerüst: Welche wollen Sie zuerst hören? Der Mann quält sich wirklich, aber als schließlich die Redakteurin vor ihm steht, hektisch, erwartungsvoll, kann er nur etwas eher Geschmackloses anbieten.

Ein trüber Tag in Deutschland. Wir bleiben bei genau diesen Szenen. Und erzählen sie jetzt noch einmal. Diesmal übernehmen wir die Rolle eines Komödienregisseurs. Was muss man machen, damit diese Geschichten heiter werden? Wie kann man sie erzählen, damit sie wenigstens für andere lustig werden?

In der Szene im Gerichtssaal muss man vor allem näher rangehen an den Mann, dessen ganze Existenz auf dem Spiel steht wegen eines blöden Autokaufs.

Wir hören genau zu. Der Mann steht inzwischen, seine Kleidung wirkt derangiert, er ist dabei, die Nerven zu verlieren. Herr Richter, sagt er, fleht er, und er fängt an, alles was er hat, was er noch ist, in sein letztes Argument zu legen. Herr Richter, das kann doch nicht sein, dass ein Mann, der sich nie etwas hat zuschulden kommen lassen, der immer seine Rechnungen bezahlt hat, ein Leben lang, Herr Richter, immer die Steuererklärung korrekt gemacht hat, das kann doch nicht sein, dass ein solcher Mann durch einen einzigen Leasingvertrag – er fasst sich an die Kehle – erledigt wird …

Die Kamera wechselt in das Gesicht des Richters. Was antwortet der?

Doch, sagt er, das geht.

Die Küche im Hamburger Loft. Der letzte Satz der Frau hängt noch in der Luft. Das mit den Kindern kannst du vergessen … Sie schauen sich an, der Mann und die Frau, fast ausweglos. Wenn sie jetzt, in diesem Moment nur ein einziges Bild aus der Zukunft sehen könnten, würden sie lachen. Filmregisseure wissen, was man mit solchen Szenen machen muss: Schnitt, vorspulen. Dieselbe Küche, ein bisschen weniger schick vielleicht, dieselbe Frau, in der Hand eine blaue Plastiktrompete, vor ihr ein Laufstall, drin ein kleiner zorniger Junge, bei dem sie und ihr Mann lange überlegt hatten, ob er Arthur oder Raphael heißen soll.

Was den Opel-Besitzer beim TÜV betrifft, muss der Zuschauer vor allem mehr über ihn wissen, über seine Lebensumstände. Damit die nachfolgenden Bemerkungen des Sachverständigen ihre ganze Wirkung entfalten können, brauchen wir erst einmal eine Rückblende. Man sieht einen durchaus sympathischen Mann, der aber jobmäßig nicht so richtig auf die Füße kommt, eine Sache nach der anderen scheitert. Die eingezogene Bankkarte gehört für unseren Mann zum Alltag. An diesem TÜV-Tag warten auf ihn zu Hause seine zwei kleinen Kinder und seine Frau, die sich wahnsinnig darauf freuen, endlich mit dem treuen, alten Auto loszufahren, endlich einmal Ferien zu machen, das erste Mal, alles streng kalkuliert, die Zimmer in dem 900 Kilometer entfernten Bauernhof sind gebucht, die Anzahlung ist geleistet.

»Wo wohnen Sie denn?«, fragt der Prüfer, unter dem Wagen in der Grube stehend, während er mit der Taschenlampe hinter den Motorblock leuchtet.

»Ganz in der Nähe«, antwortet der Familienvater. »Warum?«

»Wie nah?«

»Na, ja, nicht mehr als zwei Kilometer.«

»Gut. Nach Hause dürfen Sie dann noch fahren. Aber nur mit Tempo Zwanzig. Und keinen einzigen Kilometer weiter.«

Das Gutachten: Vorderachse komplett durchgerostet, Motoraufhängung angebrochen. Entzug der Betriebserlaubnis des Fahrzeuges mit sofortiger Wirkung. Zu dem kleinen ehemaligen Pfarrhäuschen, in dem die junge Familie wohnt, führt eine lange gerade Straße. Wir verlassen die Szene mit dem Bild des gelben Opel-Kombis, der sich auf dieser Straße ganz langsam dem Anwesen nähert.

Die Szene in der Klinik: Einem Mann wurde sein Bein amputiert. Kann aus dieser Tragik Humor entstehen? Reicht es vielleicht schon, wenn man die Szene vor dem EKG-Zimmer in dem Münchener Krankenhaus um einen bayrischen Dialog ergänzt?

»Mei, guter Mann, was wolln denn Sie hier?«, fragt der Arzt, als er endlich in der Tür erscheint.

»Zum Belastungs-EKG hamms mich gschickt. Und da wart ich jetzt scho seit a Stund.«

Der Arzt wendet sich vielsagend zu dem Belastungs-Fahrrad hinter ihm um und sagt fast vorwurfsvoll: »Aber Sie hamm ja nur oan Haxen.«

Es kommt zu einem längeren Blickwechsel der beiden Männer. »Ja, leider«, sagt der Patient.

Was die Komik in der Szene des Show-Autors und seiner Redakteurin während der Live-Sendung betrifft, so kommt jetzt erst mal der Witz. Er geht so:

Arzt zum Patienten: Eine gute und eine schlechte Nachricht. Welche wollen Sie zuerst? Patient: Die schlechte. Arzt: Sie haben noch zwei Tage zu leben. Patient: Puh. Und die gute? Arzt: Haben Sie die Stationsschwester da draußen gesehen, die mit den großen Möpsen? Sie glauben nicht, wie ich die heute gevögelt habe. Ende des Witzes.

Die Redakteurin hat jetzt noch zwei Minuten Zeit zu entscheiden:

Lustig oder nicht lustig? Senden oder nicht? Darin besteht der zweite Humoransatz dieser Geschichte. Hatte doch ihr Chef in letzter Zeit immer wieder betont, die Scherze der Sendung brauchten unbedingt höheres Niveau.

Ein trüber Tag in Deutschland. All diese Bearbeitungsversuche hatten nur einen Zweck: diesen Tag etwas weniger trübselig zu machen.

Natürlich heißt das nicht, dass jetzt alles gut ist. Der Witz taugt immer noch nicht viel. Der Mann mit dem Leasing-Vertrag ist immer noch pleite, und der Mann ohne Bein hat immer noch kein zweites. Man könnte also sagen: Die Lage ist gleich beschissen. Stimmt. So wie es im Leben eben oft zugeht: Es ist, wie es ist. Unsere Bearbeitungsversuche sind sozusagen sehr bescheidener Natur. Sie versuchen Distanz zu erzeugen. Abzurücken von der Trostlosigkeit des Moments. Das Lachen suchen, und wenn es einem im Halse stecken bleibt. Das Lachen als Ventil. Die Fahndung nach diesem Ventil hat immer etwas Tastendes, Vorsichtiges, Bescheidenes – aber wenn man es findet, kann es eine unbändige Kraft entwickeln.

Menschen gehen auf die verschiedensten Arten durch dieses Leben, und, was vielleicht noch wichtiger ist, sie blicken auf die unterschiedlichsten Weisen auf ihr Dasein. Eine Möglichkeit, das Leben zu betrachten, wir fügen sogar hinzu: es zu meistern, ist, eine Komödie daraus zu machen – wann immer es geht. Darum ging es uns mit diesen fünf Szenen:

Es kommt immer darauf an, wie man darauf blickt, wie man es erzählt – und zwar nicht nur anderen, sondern auch sich selbst.

Die Schwere des Lebens liefert häufig die härteren Argumente, erdrückt das Leichte oft, manchmal sogar endgültig. Der Kabarettist Gerhard Polt, von dem wir uns übrigens oben den Mann mit dem Leasingvertrag geborgt haben, weiß um die Schwere im Leichten: »Eine Tragödie«, hat er mal gesagt, »die ist schnell geschrieben. Zwei Flaschen Rotwein und ein Blatt Papier. Aber die Komödie ist eine ganz andere Angelegenheit.«

Der Düstere wirkt immer klug, ist immer auf der sicheren Seite. Der Heitere riskiert immer eine ganze Batterie von Vorwürfen: oberflächlich, unsensibel, geschmacklos, dumm. Welch ein Irrtum. Oder, wie es der Wiener Sprachkünstler und Heiterkeitsphilosoph Ernst Jandl formulierte: Werch ein Illtum!

Das Originalgedicht:

manche meinen
lechts und rinks
kann man nicht
velwechsern.
werch ein illtum!

Das Geheimnis der Heiterkeit. Sigmund Freud glaubte, dass man den humoristischen Lustgewinn durch erspartes Gefühl bekommt. Anstatt sich zu ärgern, anstatt zu trauern, anstatt Angst zu haben usw., macht man einen Scherz, lacht.

Man muss eine Truppe versammeln hinter der Heiterkeit, damit man nicht allein ist im Kampf gegen das Schwere. Die Nebendarsteller haben wir schon, der große Freud ist auf unserer Seite, Gerhard Polt sowieso. Und man muss die Trickkiste weiter aufmachen, da stecken noch ein paar drin: der Fehler-Trick, der Zeit-Trick und der Trick mit den überraschenden Zusammenhängen. Alle werden verraten, jeder in einem eigenen Kapitel.

Aber jetzt wird es erst einmal Zeit, den Feind kennenzulernen, ihn aufzuspüren und die Stinktiere aus dem Gebüsch zu treiben. Da schadet es nicht, noch einen starken Verbündeten in die Truppe zu holen, den lieben Gott.

7. Kapitel

Helden der Heiterkeit (3)

Voltaire

»Gott hat uns in die Welt gesetzt, damit wir uns amüsieren. Alles andere ist trivial und schändlich und erbärmlich.«

8. Kapitel

Trost von einem Unbeugsamen:
Der Mann für große Krisen

Die Laune eines der beiden Autoren war richtig schlecht, um es vorsichtig zu sagen. Beziehungsdesaster, Schlafstörungen, eine Art gefühlte Ganzkörperdepression. Nach eigener wehleidiger Einschätzung lag die nach oben offene Krisenskala bei 7,3, mindestens.

In dieser Stimmung kam der Auftrag: Fahr doch mal zu dem großen Psychologiekongress nach Hamburg und schreib was drüber. Ein tatsächlich großer Kongress: Die Giganten der internationalen Psychologieszene trafen aufeinander, Meister wie Paul Watzlawick (Konstruktivist und Verhaltenstherapeut), Otto Kernberg (Psychoanalytiker), Ernest Rossi (Hypnotiseur), Masters und Johnson (Sex-Forscher), Albert Ellis (Angsttherapeut), Helm Stierlin (Familientherapeut) … Drei Tage tauschten sie ihre Erfahrungen im Hamburger Messezentrum aus. Vorträge, Diskussionen, alles im Dienste der krisengeplagten Seelen.

Man kann davon ausgehen, dass all diese Leute

auch über ein hohes Maß an Eitelkeit verfügen, also sozusagen naturgemäß anderen Kollegen durchaus skeptisch gegenübertreten. Umso erstaunlicher war es, dass genau diese Leute sich wie all die anderen Fachleute, Hunderte waren es, von ihren Plätzen erhoben, als Viktor E. Frankl zum Podium ging. Weißhaarig, schmal, stand er da, nötigte das Ende der Applausstürme herbei und fing an, von diesem Wort zu reden, das immer im Mittelpunkt seines Lebensweges und seiner Arbeit stand: Sinn. Er sagte, Leben könne nur gelingen, wenn es als sinnvoll empfunden werde. Das Kreisen um den Sinn stehe auch immer im Zentrum jeder Therapie. Er sagte, Sinn könne niemals erzeugt, sondern immer nur gefunden werden. Und er drehte die Sache noch weiter in die höchsten moralischen Kategorien und formulierte eine neue Definition von Gut und Böse – gut sei alles Handeln, wenn es sinnfördernd für die Menschen wirke, und böse, wenn es diesen Sinn hemme.

Viktor E. Frankl ist der Begründer der Logotherapie sowie der sogenannten Existenzanalyse, und natürlich hat es mit Frankls Persönlichkeit zu tun, dass seine Theorien weltweit anerkannt wurden. Der Wiener leitete von 1930 an in einer psychiatrischen Klinik den »Selbstmörderpavillon«, in dem jedes Jahr rund 3000 suizidgefährdete Frauen betreut wurden. Frankl hatte unglaubliche Erfolge, diese Frauen »umzudrehen«, sie davon zu überzeugen, dass auch in ihrem Leben Sinn stecke. Allein diese Arbeit, dieses Plädoyer würde schon den Titel seines erfolgreichsten Buches »… trotzdem Ja zum Leben sagen« rechtfertigen. Mehr als neun Millionen Mal wurde es verkauft, die Bibliothek des amerikanischen Kongresses in Washington deklarierte es »zu einem der einflussreichsten Bücher aller Zeiten«. Doch leider war es nicht nur Theorie und Arbeit, die Frankl dieses Buch haben schreiben lassen.

Frankl war Jude und wurde 1942 verhaftet und deportiert, zusammen mit seiner Frau, seiner Mutter und seinem Vater. Sein Vater starb im Ghetto Theresienstadt, seine Mutter wurde in Auschwitz vergast, seine Frau starb im KZ Bergen-Belsen. Frankl wurde in ein Außenlager des KZ Dachau gesteckt und erkrankte schwer. Und dann kam es zu dieser einen Nacht. Die Lage war klar: Er stand gesundheitlich derart auf der Kippe, dass er auf keinen Fall einschlafen durfte. Das Einschlafen hätte den sicheren Tod bedeutet.

Viktor E. Frankl redete in Hamburg von dieser Nacht. Die Menschen, die er liebte, waren tot, umgebracht worden. Er selbst war unendlich elend und konnte diesem Elend auf leichte Weise ein Ende bereiten. Einschlafen, und Schluss. »Ich hatte das auch schon fest beschlossen, ich konnte einfach nicht mehr«, sagte Frankl. Doch irgendetwas – Frankl würde nie das Wort Gott verwenden – ließ ihn in dieser Nacht an all seine Selbstmörderinnen denken, deren Tod er bekämpfte, unter anderem mit der Frage: Könnte man lebend nicht sinnvollere Dinge tun als tot?

Frankl überlebte, die Nacht und das KZ. Und baute, bis er schließlich mit 92 Jahren starb, immer weiter an seinem Kosmos des Sinnes. Er erreichte damit, sehr nebenbei bemerkt, dass eine Hamburger Krise ziemlich rasch dahinschmolz. Sie lag am Ende von Frankls Rede auf der nach oben offenen Krisenskala bei 3,9, höchstens.

9. Kapitel

Mut zur Entscheidung – oder warum man Stinktiere unbedingt aus seinem Leben rauswerfen muss

Ein Büro in Potsdam, in einer alten Villa in einem Park mit alten Bäumen. Wissenschaftspark heißt diese Gartenanlage. Der Mann hinterm Schreibtisch ist ein wichtiger Mann. Er hat in den letzten Jahren Erkenntnisse gesammelt, welche die Welt verändern werden. Er gehört zur noblen Wissenschaftselite der Royal Society und wurde von der englischen Königin als »Commander of the Order of the British Empire« ausgezeichnet, er ist der Chefberater der Bundeskanzlerin: Hans Joachim Schellnhuber, Professor der Physik, der vielleicht renommierteste Klimaforscher der Welt. Er hat beispielsweise nachgewiesen, dass das Abschmelzen der Pole in direktem Zusammenhang mit dem Amazonasgebiet steht – und den Alpen. Aus einem ruhigen Wissenschaftler ist in den vergangenen Jahren einer der lautesten und radikalsten Warner geworden.

Einer der beiden Autoren saß Schellnhuber beim Interview gegenüber und stellte eine Frage, bei deren Antwort er eine hochwissenschaftliche Ausführung erwartete. In gewisser Weise kam die auch, allerdings ganz anders als gedacht. Die Frage lautete: »Wenn Sie an Ihr Leben als Wissenschaftler zurückdenken, können Sie eine Erkenntnis formulieren, von der Sie sagen, sie war die wichtigste?«

Da lachte Schellnhuber und sagte: »Ja, das kann ich, das weiß ich ganz genau. Die wichtigste Erkenntnis für mich als Wissenschaftler und Privatmensch ist das von mir entdeckte Stinktierprinzip.« Seine Ausführung: Egal in welchem Beruf Sie arbeiten, in welcher privaten Situation Sie stecken – da sind immer Menschen, die Sie blockieren, aufhalten, Sie verletzen und runterziehen, Menschen, die für schlechte Stimmung sorgen, Jammerer, Bedenkenträger, bösartige und unangenehme Zeitgenossen. Es ist wichtig, dass man sein persönliches und berufliches Umfeld durchkämmt und diese Stinktiere identifiziert. »Entweder verabschiedet man sich sofort von ihnen. Oder – wenn das nicht geht – hält man sich möglichst fern von ihnen und tut so als wären sie nicht da. Der Wirkungsgrad dieses Prinzips ist erstaunlich hoch«, sagt Schellnhuber, »denn wenn die Stinktiere erkannt sind, können sie einen nicht mehr verletzen.«

Wir nehmen den Klimaforscher hiermit auf in unseren Trupp gegen die Düsternis, denn sein Stinktierprinzip lässt sich perfekt anwenden im Dienste der Heiterkeit: Wer sind die Feinde? Wie wird man sie los?

Wer sind die Feinde?

1. Menschen, die immer alles besser wissen
2. Menschen, die gerne von sich sagen, sie brauchen keine Karnevalsverkleidung, um lustig zu sein, und sie brauchen dafür auch keinen Alkohol.
3. Menschen, die immer jammern, wehklagen, was sie alles noch vor sich haben, welche schwere Last das Leben schon wieder für sie bereithält.
4. Menschen, die alles schon gesehen haben, die überall schon waren.
5. Menschen, die das Ernste immer für wertvoller halten als das Leichte.
6. Menschen, die zu jedem Zeitpunkt wissen müssen, woran sie sind.
7. Gäste, die glauben ihre einzige Pflicht als Gast sei es, das passende Mitbringsel dabei zu haben.

Die ersten Todfeinde, die Besserwisser, wollen wir mit einem Gedanken und einem Witz erledigen.

Heiterkeit ist ein großes Geschenk mit unendlich vielen Facetten und Möglichkeiten. Es gibt viele Wege zu diesem Geschenk. Besserwisser sind schon zum allerersten Schritt nicht in der Lage. Weil dazu eine Voraussetzung nötig ist: ein gewisser Abstand zu sich selbst. Im Gegensatz dazu bläst sich der Besserwisser immer auf, stellt sich über den anderen, weil er ja am Ende recht haben muss.

Eine alte Dame kommt in das größte Zoogeschäft der Stadt und fragt den Verkäufer, ob sie für einen Nachmittag ein Nilpferd mieten kann.

»Liebe Frau«, fragt der Verkäufer, »ein Nilpferd?«

In der Langfassung des Witzes dauert es jetzt eine Weile, bis der Verkäufer der Dame die Wahrheit entlockt. Das kürzen wir ab.

»Wissen Sie«, sagt die Dame, »ich habe einen Bruder, der kommt seit 46 Jahren jeden Samstagnachmittag zum Tee. Wir unterhalten uns über dies und das, aber egal, was das Thema ist, ob es der Dreißigjährige Krieg ist, die Tomatenzucht, das beste Mittel gegen Rheuma oder eine neue Kunstausstellung, mein Bruder hält mir immer einen Vortrag. Und immer fängt er an mit den Worten ›weißt du, meine Liebe‹, und am Ende muss ich immer sagen, ›nein, das weiß ich nicht‹. Seit 46 Jahren geht das so, und jetzt will ich, dass es ein einziges Mal anders ist.«

Der Verkäufer blickt sie ratlos an.

»Dafür brauche ich eben das Nilpferd«, die Dame lächelt und fährt fort: »Ich stelle mir den Nachmittag ganz genau vor. Mein Bruder kommt, wir trinken Tee, er hält seine Vorträge, und dann wird er wie immer zur Toilette müssen und das Badezimmer aufsuchen. Und wenn er diesmal zurückkommt, wird er sagen: Elisabeth, weißt du, dass in deinem Badezimmer ein Nilpferd ist? Und dann werde ich sagen: Ja mein lieber Bruder, das weiß ich.«

Wir kommen zu unseren zweiten Todfeinden. Die Abrechung benötigt eine Vorbemerkung: Humor und Heiterkeit sind flüchtig, unfassbar, nahezu unberechenbar. Mal gelingt es, lustig zu sein, mal nicht. Ein Abend in derselben Besetzung kann reizend sein, brüllend komisch bis ins Morgengrauen –

und schon beim nächsten Mal ist alles anders, die Scherze laufen ins Leere, nix ist heiter. Humor und Heiterkeit verdienen größten Respekt, wir scheuen nicht einmal das Wort Ehrfurcht.

Menschen, die von sich sagen, sie könnten immer lustig sein, sie brauchten dazu keine Maskerade, keine Hilfsmittel und keinen Anlass, lassen genau diesen Respekt vermissen. Mit Konsequenzen: Diese Menschen sind nie lustig, nie, nie, nie. Als wäre es so, dass sich der Humor nicht niederlässt, wo ihm der Respekt verweigert wird.

Was den Karneval betrifft, müssen wir zugeben, dass wir, die beiden Autoren, durch ein gemeinsames Trauma vermutlich auf lange Zeit geschädigt sind. Es geschah an einem Winterabend in München. Ein Freund hatte zu einem Fest eingeladen, einem großen Fest, mit gedruckter Einladungskarte, gemietetem Saal, und einem ausdrücklichen Kostümmotto: 50er Jahre. Beide Autoren, das muss jetzt festgehalten werden, sind keine Anhänger solcher Faschingsfeste. Es fällt ihnen eher schwer, Begeisterung für die Verkleidungszeremonie zu entwickeln. Aber der Freund war ein guter Freund. Also erschienen die beiden Autoren maskiert, getrennt voneinander, der eine kam um neun, der andere um zehn. Groß war der Saal, viele Leute drängten sich. Sie hatten dennoch keine Schwierigkeiten, sich zu finden. Was sicher auch daran lag, dass jeder für sich eine durchaus auffallende Variante gewählt hatte, um den 50er Jahren nahezukommen. Bei dem einen klebten echte Geldscheine mit Pattex auf dem Kopf, und er war von oben bis unten mit Goldstaub besprüht. In seiner Vorstellung verkörperte er das Wirtschaftswunder. Der andere kam als Single, kleiner Scherz, gemeint war die schwarze Schallplatte. Er hatte sich eine Art Röckchen aus den Original-Scheiben gebastelt – und einen Hut, ganz oben drauf steckte »Hound Dog« von Elvis Presley.

Es gab aber noch einen anderen, wie wir fanden durchaus traurigen Grund, warum sich die beiden Autoren an diesem Abend niemals aus den Augen verloren. Unter den ungefähr 150 Gästen waren sie, die beiden Einzigen, die sichtbar verkleidet waren. Die anderen trugen Strickpullover, karierte Hemden, graue Sakkos, was sie eben immer trugen, wie sie im Gespräch mit jedem der kostümierten Autoren mehrfach betonten, warum sollten sie sich heute auch anders präsentieren als sonst? Anders sein? Wir möchten es so formulieren: Wenn es eine Art Zaubertrank gibt, der Aggressionen auslöst gegen Leute, die sagen, sie müssen sich nicht verkleiden, um lustig zu sein – dann sind wir beide an diesem Abend in das Fass gefallen, tief reingefallen. An diesem öden Abend.

Karneval: Muss man nicht mögen, muss man nicht hingehen. Dennoch verdient er den oben genannten Respekt: Die Grundidee ist der Versuch, der Heiterkeit einen Raum zu geben, die Sehnsucht zu erfüllen nach der guten Laune, der Leichtigkeit, dem Lachen.

Alkohol: Muss man nicht mögen, muss man nicht trinken. Ist auch kein Garant dafür, dass der Mensch lustig wird – tausendfach zu besichtigen in der Welt. Was an denen so ärgerlich ist, die sagen, dass sie Alkohol nicht brauchen, um lustig zu sein: ihre Arroganz. Nicht die Arroganz dem Alkohol gegenüber, sondern die Arroganz gegenüber dem »Lustigsein«. Eine Arroganz, hinter der sich nichts als Langeweile verbirgt. Im Sinne des Klimaforschers und Stinktier-Experten Schellnhuber kann man nur dringend raten: Streichen Sie diese Leute von Ihren Listen.

Gegen die Todfeinde Nummer 3, die ewigen Jammerer, denen immer Schweres und Mühsames bevorsteht, gibt es ein kleines unterhaltsames Mittelchen. Es ist ein Witz. Er eignet sich gut, um das Klagelied des Jammerers endlich zu unterbrechen. Und er eignet sich noch besser um herauszufinden, wie schlimm es um den anderen schon steht. Man kann es sozusagen mit der Uhr messen: Wie lange braucht der Mensch, um zu kapieren, dass der Witz etwas mit ihm zu tun hat?

Zwei Freunde sehen sich nach längerer Zeit wieder. Sagt der eine zum anderen: »Um Gottes willen, du siehst ja furchtbar aus!«

Sagt der andere: »Kein Wunder – bei meinem neuen Job. Du kannst dir nicht vorstellen, was ich da mitmache.«

»Ja, warum, was machst du denn?«

»Morgens um sechs geht's los. Zementsäcke schleppen, unfassbar schwer, vom Keller hoch in den fünften Stock, kein Aufzug, keine frische Luft, heiß, Kollegen sind scheiße, nur eine Pause am ganzen Tag, zehn Minuten, so geht das bis sieben Uhr abends. Und morgens wieder hoch …«

»Du lieber Himmel«, sagt der Freund erschrocken, »wie lange machst du das denn schon?«

»Morgen fang ich an.«

Das Mittelchen: Je schneller einer zu erkennen gibt, dass er begriffen hat, der Witz meint ihn, desto günstiger die Prognose. Je später desto schlechter. Kapiert jemand gar nichts? Auf Wiedersehen, sofort.

Kommen wir zu den Typen, bei denen es geradezu Absicht zu sein scheint, jeden noch so schönen Ort, jeden noch so schönen Moment kaputtzumachen.

Egal wie schön der Sonnenuntergang, die Schiffsüberfahrt, die Hotelterrasse, die Stadt, der See, die Mangrovenbäume, der überraschende Obstmarkt in dem kleinen Dorf … Sie waren früher schon mal an einem Platz, wo es noch schöner, oder authentischer, oder luxuriöser, oder einfacher, oder billiger, oder schneller, oder spektakulärer war … Oder sie finden etwas, das ihnen *nicht* passt und erzählen an Ort und Stelle von einer vergleichbaren Misslichkeit in Indien, Salzburg oder im Louvre, wo die Führerin wirklich gar keine Ahnung hatte, apropos Führerin …

Wir müssen hier ganz genau sein: Menschen, die gern und überall grantln, können durchaus eine Bereicherung für die Stimmung sein, sie können außerordentlich komisch sein, und sie sind sich ihres komischen Potenzials meistens bewusst. Das Problem mit unseren Todfeinden ist, sie würden sich nie so einschätzen, im Gegenteil, sie halten sich für weltgewandt, für anspruchsvolle Genießer. Diese Präzision der Unterscheidung muss man auf das Stinktierprinzip ausdehnen. Die Stinktiere halten sich für alles andere als Stinktiere. Wüssten sie um ihre Rolle, würden sie ihren Schrecken verlieren und eine gehörige Portion Charme gewinnen.

Wir wollen das an einer Geschichte deutlich machen. Sie spielt zu den Zeiten, als Helmut Qualtinger mit seinem Kabarettprogramm auftrat. Eines Abends ging er nach der Vorstellung auf eine Party. Die Gastgeberin verehrte und erkannte den schweren Wiener Charakterkopf und schickte sich an, sich um ihn zu kümmern. Was wollen Sie trinken, Herr Qualtinger, was darf ich zu essen bringen, wo wollen Sie sitzen? Qualtinger stoppte diese Aufmerksamkeiten. »Bittschön, gebns eahna ka Mühe, mir gfällts eh nirgends.« Es wurde ein lustiger Abend mit ihm.

Kommen wir jetzt zur Nummer fünf unserer Todfeinde, den gefährlichsten. Wie viel ist das Heitere wert? Für sie immer wenig, und immer weniger als das Ernste, viel weniger. Als hätten sie ein spezielles Sieb, durch das sie das Heitere immer durchfallen lassen, so lange bis alles ganz weg ist, verschwunden.

War Martin Luther King zum Beispiel ein Spaßvogel oder ein ernster Mann? Schätzungsweise 95 Prozent der Menschen würden auf den Ernsten tippen – und sie lägen falsch. Martin Luther King war ein Spaßvogel, alle Biographen, die sich mit ihm genauer befassten, bestätigen das: Er erzählte gern Witze, sang lustige Lieder, spielte seinen Mitarbeitern Streiche … Dann wurde er dummerweise erschossen. Ohne jeden Widerspruch eine sehr ernste, eine traurige, eine tragische Sache – für seine Leute, für Amerika, für die ganze Welt. Dennoch muss erlaubt sein zu fragen: Warum ist seine heitere Seite durch das Sieb gefallen? Warum weiß niemand mehr etwas von dem leichten, heiteren Martin Luther King? Warum wird sein großes Charisma nur noch in Verbindung gebracht mit seinem Kampf für die Rechte der Schwarzen und mit seinem gewaltsamen Ende?

In einer Radiosendung im Deutschlandfunk anlässlich seines Todestages wurde zwar verdienstvollerweise auf diese Seite hingewiesen, dennoch: Als der Moderator im Anschluss noch eines der lustigen Lieblingslieder von King auflegte, hatte er offenbar das Gefühl, sich gleich mehrfach entschuldigen zu müssen. Todestag? Lustig? Darf man das?

An diesem Martin Luther King wird die Macht der Todfeinde deutlich: Tragik lässt sich immer beweisen, ist immer offensichtlich, steht nie zur Diskussion. Tristesse hat die Fakten auf ihrer Seite, ist nie Geschmacksache. Ein Verkehrsunfall mit zwei Toten – die Gefühle aller Beteiligten, aller Betrachter, der ganzen Welt sind programmiert. Niemand will darüber streiten – auch wir nicht. Was wir angreifen: Wenn aus schwer und leicht ein fataler Gegensatz konstruiert wird: wertvoll und nicht wertvoll. Wenn das eine immer über dem anderen steht. Das ist deshalb so fatal, weil es die Welt unnötig verfinstert.

Die Macht dieser Todfeinde: Sie löschen die Heiterkeit aus Biographien. Sie sperren den Humor aus ganzen Lebensbereichen aus – mit Sätzen wie »... dem Ernst der Lage nicht angemessen«. Sie nehmen freundlichen Menschen ihre Kompetenz und Glaubwürdigkeit – mit Fragen wie »und wo war die Substanz?« Sie stellen die Anwälte der Heiterkeit immer unter Generalanklage: Gaudiburschen. Sie führen Feldzüge gegen lustige Eigenschaften, das Image des Klassenclowns beispielsweise haben sie ruiniert, obwohl es doch eine ehrenwerte Fähigkeit ist, eine ganze Klasse zum Lachen zu bringen.

Übrigens war George Clooney so einer. Für ihn war es ein Ausweg. »Ein Neuer sein an der Highschool ist nicht gerade die ideale Zeit für eine halbseitige Gesichtslähmung, aber es hat mir geholfen, eine eigene Persönlichkeit zu entwickeln«, erzählt er. »Du musst dich selbst darüber lustig machen, sonst hast du ein wirklich schweres Leben.« Auch dazu hören wir allerdings schon den Kommentar der Todfeinde: Na ja, ein Schauspieler ...

Wenn sie Lehrer sind, die Todfeinde, werden sie Schülern beibringen, was »Lachen mit Niveau« heißt, Shakespeare, vielleicht mal ein Charlie Chaplin, in jedem Fall muss ein Etikett drauf stehen: Lachen erlaubt.

Wenn sie Architekten sind, die Todfeinde, bauen sie Krankenhäuser, die krank aussehen – und Schulen, »wo die Kinder in dunkle Korridore getrieben werden«, wie es der Star-Architekt Lord Norman Foster unlängst formulierte. Er wies darauf hin, dass in vielen Studien bewiesen sei: Helle, heitere Räume sorgen in Schulen nicht nur für bessere Stimmung, sondern auch für bessere Leistungen.

Was kann man gegen diese Todfeinde, die Fürsten der Finsternis tun? Wie kann man ihre Festung knacken?

Wir haben da etwas, und zwar ein trojanisches Pferd. Es gibt nämlich Leute, die von den Todfeinden eingelassen werden müssen, und zwar aufgrund der Faktenlage: Vom Schicksal Gezeichnete, schwer Getroffene, Menschen, die viel überstanden und alles überlebt haben. Aber wenn diese Truppe mal drin ist, anfängt zu erzählen, wird die List klar. Denn gerade sie schätzen den Wert der Heiterkeit unendlich hoch ein. Und diese Menschen werden eine Gleichung präsentieren: Je besser man das Leben kennt, je mehr man erleben musste, je größer die Erfahrung mit dem Ernsten – desto dümmer wird die Geringschätzung der Heiterkeit empfunden, des vielleicht stärksten Gewichts auf der anderen Seite der Waage.

Zu dieser Truppe gehören die Juden. Niemand hat eine so große Kultur der Heiterkeit, ein so unendliches Reservoir an Witzen, eine so große Begabung für Komödien. Und niemand weiß so sehr, wie lebenswichtig das ist. Zu dieser Truppe gehört auch ein Bohemien, der im Sterben liegt, in einem armseligen Zimmer in Paris unter falschem Namen. Richtig heißt er Oscar Wilde. Mit seinem letzten Satz erhebt sich der Mann, der immer so viel Wert auf Stil und Äußerlichkeiten gelegt hat, über den Tod: »Entweder verschwindet jetzt diese hässliche Tapete – oder ich.« Und wir nehmen noch einen siebenjährigen Jungen auf, den blonden Willi, der mit seiner Mutter einen Kinderfilm auslieh und daheim anschaute. Er fand ihn nicht schlecht, aber traurig, sehr traurig. Deshalb sagte er, als es vorbei war: »Mama, da wollen wir das Geld zurück. Der war ja nichts wert, der war ja nicht lustig.«

Wir arbeiten die Liste der Todfeinde weiter ab. Nummer 6: Die Menschen, die immer genau wissen müssen, woran sie sind.

Wien, das großartige Restaurant Nimmersatt, der Tisch hinten, links von der Eingangstür, gegen 20 Uhr. Eine berufliche Besprechung.

Zuerst die Bestellung, meine Herren. Einer hat sich für Schweinefleisch entschieden und sagt dies der Kellnerin. »Das Schwein ist heute nix, Sie nehmen lieber den Tafelspitz«, sagt sie, notiert sie und geht. Und lässt einen ratlosen Mann zurück, der zuerst ein bisschen nachdenkt und dann seinen Kollegen ganz ernsthaft die Frage stellt: Wie soll ich das jetzt einordnen, dieses Verhalten der Kellnerin? War das jetzt eine Unverschämtheit, die ändert einfach meine Bestellung, oder war das nett gemeint?

Wir wissen nicht, was die anderen Geschäftsleute geantwortet haben. Aber eins wissen wir: Solche Fragen sind der Tod, egal wo sie gestellt werden, in Wien, Düsseldorf oder Berlin. Unverschämtheit oder Nettigkeit? So ähnliche Fragen lauten: Spaß oder Ernst? Freizeit oder Arbeit? Bist du ein Freund oder nur ein Kollege? War das jetzt nur so dahingesagt oder meinst du es wirklich so? Menschen, die sich mit solchen Fragen abquälen, die klären wollen, was die richtige Antwort ist, die keinen Schritt weiter gehen können, bevor so etwas nicht abgeklopft ist, sind ein Problem für die Heiterkeit. Weil sie den Raum kaputtmachen, den die Heiterkeit so dringend braucht, den Zwischenraum. Nur dort kann sie ihre Talente entfalten: die Überraschung, die plötzliche Wendung, das Hin und Her zwischen Wirklichkeit und Phantasie …

Wir stellen uns vor: Zwei Ehepaare, die sich bei einer Einladung kennengelernt haben, enden an diesem Abend in einer Bar. Man lacht viel, entwirft gemeinsam Pläne, träumt. Ab zwei Uhr setzt sich eine Idee durch: sie alle vier in einem Wohnmobil an der Westküste der USA … Jetzt tauchen einsame Strände in der Bar auf, Bären, Lagerfeuer, Spielcasinos und selbst gefangene Fische … Man geht glücklich auseinander und nach Hause.

Von hier aus lassen sich viele Fortsetzungen denken, was diese vier Leute betrifft. Eine Variante allerdings ist das Ende, die sichere Sackgasse. Es ist ein Anruf am nächsten Tag: »Ich hab jetzt schon mal

Preise recherchiert, was so ein Wohnmobil kostet, uns würde es gut in der zweiten Julihälfte passen, aber vielleicht sollten wir uns sowieso nochmal treffen, um die Kalender abzugleichen, wie wär's morgen Abend, ihr könntet zu uns kommen.«

Sofort ist das Leichte weg, in dem so viel hätte entstehen können. Und man kann es auch nicht zurückholen, weil sich eine schwere Frage über alles stülpt: Habt ihr nicht gemeint, was ihr gesagt habt? War es euch nicht ernst mit uns? Schon der nächste Abend ist belastet, schon am nächsten Abend werden diese vier keine Reise in der Phantasie mehr antreten.

Fluchtphantasien, sagt der Philosoph Peter Bieri, sind für die seelische Gesundheit lebensnotwendig. In der Phantasie ein anderes Leben anprobieren, immer wieder, immer wieder ein anderes – wer das nicht mehr tut, wer das nicht mehr kann, ist krank. Kliniker wissen, es handelt sich dann um ein Symptom der Depression.

Heiterkeit ist eines der wichtigsten Fluchtfahrzeuge für die Menschen. Oder wie es Charles M. Schulz in seinen Peanuts die grandiose Figur Charlie Brown sagen lässt. »Kein Problem ist so groß, dass man nicht davor davonlaufen könnte.«

Todfeinde, Nummer 7. Gäste, die nichts als ein Mitbringsel dabei haben. Wir vermelden die Aufnahme des Dichters Johann Wolfgang von Goethe in die Truppe, die für die Heiterkeit kämpft.

Und zitieren:

Ich liebe mir den heitern Mann
Am meisten unter meinen Gästen
Wer sich nicht selbst zum Besten haben kann
Der ist gewiss nicht von den Besten

Die Pflichten des Gastgebers findet man in jedem Benimm-Führer, sie sind ausreichend formuliert. Von der Zusammenstellung der Gästeliste über Abläufe eines gesetzten Essens, Örtlichkeiten, Musik, Garderobe, Dekoration, Temperatur von Getränken – und was man sonst noch alles tun kann und sollte, damit sich alle anderen wohl fühlen.

Und die Pflichten des Gastes? Den Mühen und Anstrengungen des Gastgebers sollte auf der Gästeseite etwas gegenüberstehen: Die Entschlossenheit, von der Ankunft bis zur Verabschiedung dazu beizutragen, dass dies ein gelungener Abend wird. Dazu gehört grundsätzlich schon mal eine gute Laune. Wer sie nicht aufbringen kann, sollte sich entschuldigen und zu Hause bleiben. Wer nichts essen oder trinken will, auch. Neugier auf die anderen Gäste sollte selbstverständlich sein und sichtbar werden, die eine oder andere Geschichte oder Neuigkeit, die man erzählen kann, das eine oder andere Thema, das man zur Sprache bringen kann …

Wer jetzt einwendet, dann müsse er sich ja für einen harmlosen Abend vorbereiten – dem sei gesagt: nichts dagegen. Der Gastgeber hat auch einiges vorzubereiten.

Die Pflichten des Gastes. Wir wollen hier nicht

missverstanden werden. Niemand wünscht sich einen Haufen von Alleinunterhaltern an unseren Tischen. Niemand möchte die Tönernen und Tönenden, die schnell fürs Gegenteil der Heiterkeit sorgen, die wir und Goethe meinen. Von diesem Gehabe wird in einem späteren Kapitel unter der Überschrift »Das falsche Lachen« noch ausführlich die Rede sein. Ein guter Gast kann still sein, schüchtern, er muss nicht mit Bildung glänzen. Ein guter Gast strahlt aus, dass er gerne hier ist, dass er gerne zuhört, dass er Freude an diesem Fest hat. Nicht zu viel verlangt, oder?

Es geht natürlich auch ganz anders. Aber das hat sich trotz der Globalisierung noch nicht in letzter Schärfe durchgesetzt. Dem Vater der beiden Autoren wurde diese weit einfachere Methode mal in Moskau beigebracht. Die Großmutter des Gastgebers erklärte ihm: »Sie können einem Russen, der ein Fest gibt, keine größere Freude machen, als nach der zweiten Flasche Wodka ohnmächtig vom Stuhl zu fallen.«

Stinktiere identifizieren – und rausschmeißen aus seinem Leben, das muss das Ziel sein. Der bekannte Psychotherapeut Dr. Burkhard Peter hat für seine Arbeit definiert, was das Wichtigste ist für ein geglücktes Leben: mit den Jahren herauszufinden, was einem guttut – und was nicht. Mit anderen Worten, der Psychotherapeut und der Klimaforscher kommen zu demselben Ergebnis: Man muss sich von Menschen verabschieden, die einem nicht guttun.

Das ist oft eine ziemliche Gemeinheit, es ist subjektiv, ungerecht, unkorrekt, es hält sich noch nicht mal an die naheliegenden Kategorien wie sympathisch und unsympathisch. Keine leichte Sache also, macht schnell ein schlechtes Gewissen.

Aber das wichtigste Instrument, wenn es um Stinktiere geht, ist weder das Gewissen noch das Pflichtgefühl – sondern die Nase. Und nur auf sie sollte man sich verlassen.

Am Schluss dieses Kapitels wollen wir noch eine besondere Situation ansprechen, dic dann auftritt, wenn das Stinktier dein Chef ist. Und wenn dich sowohl die Raten für die neue Blue-Ray-DVD-System-Anlage als auch die Unterhaltszahlungen fürs dritte Kind von mutigeren Schritten abhalten – dann, nur dann bieten wir eine andere Facette der Heiterkeit als Ausweg an: den Trost. Es ist ein Satz, den Karl Valentin einmal zu seinem Chef gesagt hat. Nein, nicht gesagt, er hat ihn geschleudert, voller Wut und Zorn, er hat diesen Satz als Drohung ausgestoßen. Er lautet: »Das merken Sie sich jetzt! Sie sind nicht auf mich angewiesen! Aber ich auf Sie!«

10. Kapitel

Der Ernst des Lebens – und was man dagegen tun muss

Truppen, die rekrutiert werden müssen. Todfeinde, die bekämpft werden müssen. Helden, denen wir ein Denkmal setzen. Ganz schön martialisch, ganz schön kriegerisch die Wortwahl. Soll es hier nicht um etwas Lustiges, Leichtes gehen?

Zunächst einmal: Diese Wahl der Worte ist nicht begründet in der Psychostruktur der Autoren. Wir möchten sogar ausdrücklich betonen, unter welch friedfertigen und idyllischen Umständen dieses Buch entstanden ist. Wir waren zum Schreiben in einem Haus am Lago Maggiore untergebracht, im Norden Italiens am Rand der Alpen. Das Haus lag in einem Wald oberhalb eines Dorfes. Um uns herum waren Wildschweine und Siebenschläfer, unter uns Trattorias und eine Espresso-Bar. Und allein der Blick auf die wechselnden Stimmungen des Sees und der Berge ersticken jede unangebrachte Aggression schon im Keim, das schwören wir.

Es ist aber so: Je länger man sich mit unserem Thema befasst, desto klarer wird, dass es sich hier wirklich um eine Schlacht handelt. Und zwar die Schlacht jedes Lebens gegen dunkle Gewitterwolken, welche die Realität immer wieder neu aufziehen lässt. Den Satz hören »Ich liebe dich nicht mehr«. Auf ein Röntgenbild blicken und einen Fleck gezeigt bekommen. Erfahren, dass der eigene Job überflüssig wird. Das Telefon abnehmen und die Nachricht von einem Unfall erhalten. Mitgeteilt bekommen, dass das eigene Kind zu doof für die Schule ist. Oder noch schlimmer: Man ist selbst dieses Kind und hört, dass man zu doof ist für die Schule.

Der Ernst des Lebens – und seine Schattierungen. Jeder Mensch erlebt große Schicksalsschläge und kleine Krisen. Manches ist so schlimm, dass es keinerlei Erklärung bedarf. Manches ist so, dass andere sich wundern: Was ist schon dabei, wenn der Geldautomat mal kein Geld ausspuckt? Manches mag auch nur eingebildet sein. Aber wer will das beurteilen? Der Ernst des Lebens sieht für jeden anders aus. Aber jeder wird davon bedroht und niemand weiß, was schon hinter der nächsten Kurve lauert, um ihn fertigzumachen.

Der Ernst des Lebens – und was man dagegen tun muss. Wir, die beiden Autoren, haben bei der Arbeit versucht, aus dem kleinen Haus im Wald überm See eine Trutzburg zu machen. Und wir haben da reingeholt: Eine kleine Bulldogge, die gern Musik hört, einen Wolfgang, dem Frisurprobleme durchs Leben helfen, das Buch des Nobelpreisträgers William Golding, Sigmund Freud mit seinen Witzen, die

Astronomen mit ihrer Technik zu beobachten, den Kriminalkommissar Brendel mit seiner Ermittlungsmethode, den Klimaforscher und seine Stinktiere.

Es machte Spaß, sie zu versammeln, sie haben gute Laune verbreitet: die vielen phantastischen Nebendarsteller, im Film wie im Leben, die Leute wie Voltaire und Goethe, und die drei Männer, die es grade nicht leicht hatten: der Mann, der gegen einen Leasingvertrag kämpfte, der Mann, dessen Auto vom TÜV eingeschläfert wurde, und der Gagschreiber, dem nix einfiel. Wir behaupten mal: Was da entsteht, wenn immer mehr aufmarschieren, ist mehr als Trost, mehr als ein Lachen. Das Konzept von Salman Rushdie gehört dazu, auch die Kategorien von Daniel Barenboim. Ein eigenes Weltbild ist das, was da entsteht.

Kirk Douglas, Peter Bieri, Gerhard Polt, Martin Luther King … Alle waren sie bislang schon da, alle hatten ihren Job. Wir haben sie gar nicht lange zu Wort kommen lassen, fast atemlos haben wir sie aneinandergereiht, haben keine ihrer Geschichten auserzählt. Man kann sagen, wir haben sie benutzt.

Aber flüchtig heißt nicht unwichtig. Im Gegenteil: Flüchtigkeit gehört zu unserem Thema, ist Charakteristikum der Heiterkeit. Niemand, auch keiner unserer Helden, ist durchgängig zu gebrauchen. Es sind immer nur Momente, in denen sie greifen. Man kann also nie genug haben von dieser Truppe. Und die Flüchtigkeit ihres Auftritts in unserem Buch heißt nicht, dass wir sie aus den Augen lassen.

Für uns, die beiden Autoren, ist dieses Kapitel die Rückversicherung, dass der Bau unserer Trutzburg auf einem guten Weg ist. Für die Leser soll es eine Empfehlung sein, sich selbst derartige Gefährten zu suchen und um sich zu scharen. Denn die Schlacht um das eigene Gemüt kennt viele Etappen. Kleine und große Triumphe, kleine und große Niederlagen, Frustrationen, Freudensprünge.

11. Kapitel

Helden der Heiterkeit (4)

Die Wurstsemmel

Man kann dieses Objekt gar nicht hoch genug einschätzen.

Wir, die beiden Autoren sind an einer Schule gewesen, die eine hässliche Pausenhalle hatte. In der Mitte dieser Halle befand sich ein Glaskasten, in dem der Hausmeister Dirscherl in der Pause Apfelsaft und Wurstsemmeln verkaufte: helle Sternsemmeln, Butter, rote Salami und jeweils eine Scheibe Essiggurke. Diese Tatsache hatte Konsequenzen. Egal, wie viel Mühe unsere Mutter aufbrachte, um unsere Zwischenmahlzeit attraktiv, gesund und abwechslungsreich zu gestalten: Ihre Pausenbrote vertrockneten ungewürdigt im Ranzen. Die andere Konsequenz war, dass wir oft pleite waren, denn die Wurstsemmeln waren verhältnismäßig teuer, und wir liehen uns das Geld von Klassenkameraden.

Zusammengefasst kann man sagen, dass sich für die beiden Autoren damals eine Formel zusammensetzte, die von nun an Gültigkeit hatte: Glück ist gleich Wurzel aus Wurstsemmel mal Unvernunft.

Und jetzt drehen wir die Sache weiter. Und ersetzen in unserer Formel den Terminus »Wurstsemmel« durch andere Größen: Wachteln, Enten, Buttercremetorten, Pralinen, Kaviar, Cannelloni, Carpaccio, Sashimi, Big Mac, Grillwürste, Barolo, Chianti, Glenmorangie, Jack Daniels, Zwetschgenwasser, Spiegeleier mit gebratenem Speck, Parpadelle mit Kaninchenragout, Wiener Schnitzel, Gulasch, Prinzregententorte, Topfenstrudel, französischer Käse, gefüllte Paprikaschoten mit Kartoffelbrei, Seezunge, Dorade, doppelter Espresso, Schweinsbraten, Leberwurstbrot.

So wird die Wurstsemmelformel zur Weltformel der guten Laune. Essen und Trinken versprechen Glück und Heiterkeit, überall, immer wieder, jeden Tag, in fast jeder Situation – als Idee, als Vorstellung, als Wirklichkeit. Trotz und gerade wegen des Faktors Unvernunft.

Und in dieser Formel steckt noch eine Dimension, die mit ihrer Schattenseite zu tun hat. Der Manager des FC Bayern München, Uli Hoeneß, hat sie mal so auf den Punkt gebracht: »Ich brauche nur an einer Wurstsemmel vorbeizugehen – dann nehme ich schon zu.«

Die Schattenseite unserer Formel: Depression. Auf der Waage. Am Strand. In der Umkleidekabine, wenn die Hose am Oberschenkel stecken bleibt. Angesichts der Bemerkung »Du hast ganz schön zugelegt«. In quellbäuchigen Nächten, in denen der Beschluss reift: »Ab morgen esse ich gar nichts mehr.«

Schattenseite? Ja. Aber nur für einen Einzigen, nämlich den, der gerade drin steckt in der Depression. Für alle anderen sind auch diese Auswirkungen der Formel extrem lustig. Der Kampf mit dem Gewicht ... Die Leute ahnen gar nicht, wie viel Freude den anderen ihr Kampf bereiten kann, das ständige Auf und Ab, die kleinen Siege, fast immer mit missionarischen Aussagen verbunden wie »Es ist ganz leicht, du musst nur weißes Mehl weglassen«, und die großen Niederlagen meistens von folgender Melodie begleitet: »Ich bin grade in einer so schwierigen Lebensphase, ich kann mich jetzt wirklich nicht auch noch darum kümmern.«

Für alle diejenigen, die in Phasen dieses Kampfes drohen unterzugehen, haben wir einen Satz aufgeschnappt, der hilfreich sein könnte. Er fiel an einem Tisch in einer Wirtschaft, nachdem ein Mann von seinem Freund gefragt wurde: »Sag mal, wie viel wiegst du eigentlich?« Der Mann war groß und schwer und hatte gerade 18 der wunderbaren Nürnberger Rostbratwürstl bestellt. Seine Antwort: »Ich wieg mich nicht.«

12. Kapitel

Todfeinde der Heiterkeit

»Spaß muss sein«

Diese schreckliche Floskel wird gern in Hamburg verwendet. Beispiel: Samstagmittag in einem großen Supermarkt, Stunde des Horrors, endlose Schlangen an den Kassen, Gedrängel, Leergutrückgabe, Obstgewiege, Kindergeschrei … In diesem Moment reißt eine Frau beim Wegheben vom Kassentresen eine volle Plastiktüte. Ein Gurkenglas zerplatzt auf dem Boden, eine Familienpackung Joghurt, zwei Flaschen Rotwein, Orangen rollen weg. In diesem Moment versucht der Mann hinter der Frau, die jetzt einen roten Kopf hat und anfängt, wenigstens ein bisschen was von dem Zeug wieder einzusammeln, die unangenehme Situation mit einem Scherz zu entschärfen. »Soll ich aus Solidarität meine Tüte auch auf den Boden werfen?« Es war ein Versuch.

»Ich versteh' nicht …« antwortete die Frau, »was sollte mir das helfen? Dann sind doch noch mehr Sachen auf dem Boden.«

Unser Mann gab nicht auf. Er drehte sich zur Schlange hinter sich um und sagte: »Na ja, wenn jetzt alle hier alles auf den Boden werfen, fällt so 'ne kleine Tüte gar nicht mehr auf.«

Alle Kunden hinter ihm und die Frau an der Kasse schauten ihn an, als wäre er von allen guten Geistern verlassen. Statt der beabsichtigten Entspannung entstand eine feindselige Atmosphäre, die darin gipfelte, dass es schließlich dieser Mann war, der mit hochrotem Kopf den Laden verließ.

Wir behaupten: In Düsseldorf, Frankfurt, München hätte der Mann keine Probleme bekommen. In Berlin erlebten wir mal einen Kunden, der in eine Bäckerei kam und fragte: »Kann man hier auch frühstücken?« Und eine Verkäuferin, die ohne mit der Wimper zu zucken fast beiläufig entgegnete: »Wenn Se hier Wasser reinlaufen lassen, können Se auch schwimmen.« Es sei dahingestellt, ob sie damit den Geschmack des Kunden getroffen hat, aber er wäre jedenfalls nie auf die Idee gekommen, es ernst zu nehmen.

Das ist in Hamburg anders. Keine noch so harmlos hingeworfene Bemerkung im Alltag hat irgendeine Chance, verstanden zu werden. Ohne den Zusatz »Spaß muss sein«. Hamburg ist eine sehr schöne Stadt, der Hafen, die Alster, das berühmte Licht, Bombenwirtschaftswachstum ... Seltsam, dass so intelligente, weltgewandte Menschen nicht begreifen, dass der Zusatz »Spaß muss sein« nicht nur plump ist, sondern jeden Ansatz von Charme und spielerischer Leichtigkeit auslöscht.

13. Kapitel

Trost von einem Unbeugsamen:
Der Tod des Wasserballspielers

Der Arzt heißt mit Nachnamen Engel. Hoffnung kann er nicht machen. Die Tumor-Metastasen sitzen an der Halsschlagader, in der Lunge und in der Wirbelsäule. Operieren kann man nichts. Chemotherapie, Bestrahlung, das sind die Methoden, die Dr. Engel jetzt in Erwägung zieht. Lebensverlängerung ist das Wort, das er sagt. Das Wort, das er nicht mehr benutzen kann: Heilung.

Es ist ein herrlicher Junitag, und es wird ein schöner Sommer vorhergesagt. Die Stadt rüstet sich schon: Sonnenschirme bleiben aufgespannt, Loungesofas werden auf Holzterrassen geschoben, Motorräder blitzen im Licht.

Die zwei Männer verbringen genau eine halbe Stunde miteinander: 14 Uhr 30 bis 15 Uhr. Der eine, der Arzt, bringt danach einen normalen Arbeitstag zu Ende. Der andere, der mit den Metastasen im Körper, tritt aufs Trottoir und blinzelt in die Sonne. »Überlegen Sie sich meinen Vorschlag«, hatte der Arzt unter der Tür gesagt. »Letztlich ist es Ihre Entscheidung.« 59 ist er jetzt, im Oktober wird er 60, am 5ten, einem Sonntag. Oktober – wer weiß. In seiner Jacketttasche steckt schwer das Telefon. Ruf mich gleich an, hat seine Frau gesagt, ruf gleich an, wie es gelaufen ist.

Einer der beiden Autoren war mit diesem Mann befreundet. Dieter hieß er, und man muss über ihn wissen: Er war ein Bulle, groß, mit breitem Kreuz, früher Wasserballspieler. Tiefe Stimme, alles andere als ein geschwätziger Typ. Morgens zwei Kilometer schwimmen und abends zehn Kilometer laufen, das war so sein normales Tagesprogramm – fast bis zum Schluss. Ein paar Wochen nach dem Termin bei Dr. Engel hat er mal gesagt: »Manchmal, für 'ne Sekunde oder so, denke ich plötzlich, die Ärzte reden von jemand anderem, aber nicht von mir …«

Er, der Dieter. Es gibt Menschen, die im Koordinatensystem des Lebens wie Lichtblitze umhertanzen, heute hier, morgen dort aufflackernd, unten links, rechts oben, kurze und längere Striche hinterlassend. Und es gibt solche, die eine klar definierte Bahn durchlaufen, wie von einer Schnur gezogen, in höchstem Maß berechenbar, verlässlich, man kann auch sagen: stur. Dieter gehörte zu dieser zweiten Kategorie, die ja durchaus geeignet ist, Kritik auf sich zu ziehen, Spott auch.

Fünf Jahre lang hat der eine der beiden Autoren auf demselben Flur mit ihm gearbeitet. Punkt halb zwölf wollte Dieter zum Essen in die Kantine gehen. Punkt. Das hieß bei ihm auch Punkt.

Das Bild von ihm in der Tür: Sein großer dunkler Schatten, die schwere Hand am Rahmen, der Blick auf seine Armbanduhr. Und dann sagte er nicht: Essen. Sondern Dortmund. Jeden Tag.

Er stammte aus einer Polizistenfamilie in Würzburg, Vater Polizist, beide Brüder Polizisten. Er selbst aber brach in den bewegten 68er Zeiten auf nach Berlin, ins Zentrum des Protestes, studierte Politik und begann Wasserball zu spielen.

Während andere sich also eine Nickelbrille mit Fensterglas aufsetzten, um dem blassen, schmächtigen John Lennon ähnlich zu sehen, trainierte sich Dieter einen Brustumfang an, in den der angesagte Männertyp dreimal reingegangen wäre. Und manche Demo hat er versäumt, weil er in irgendeinem Becken irgendwo um die deutsche Meisterschaft kämpfte.

Flussläufen soll man folgen, hat er mal gesagt. Und er hat es als Reisetipp gemeint, auch für kleinere Ausflüge in der Umgebung. Bei der Quelle soll man anfangen und dann bis zur Mündung fahren, man kann natürlich nicht immer dran bleiben, direkt am Ufer, aber Flussläufen zu folgen, daraus entsteht immer eine spannende Reise, meinte er. »Und man gurkt nicht so ziellos rum«, sagte er.

Als es schon schlecht um ihn stand und eine Kollegin ihn auf alternative Heilmethoden ansprach, Misteltherapie, Homöopathie usw., da schüttelte er nur den Kopf. Und sagte ihr genau das, was er auch schon gesagt hatte, als er selbst nicht betroffen war: Wenn das helfen würde, hätte sich die klassische Medizin das alles längst unter den Nagel gerissen, damit wäre viel zu viel Geld zu verdienen.

Die klar definierte Bahn. Man weiß nicht, ob es für ihn selbst hilfreich war, auf seiner Bahn zu bleiben, auch dann, als die Koordinaten zuerst unangenehm und dann tödlich wurden. Für alle anderen in seiner Umgebung war es ein großer Trost.

Zwei Wochen vor seinem Tod, beim letzten Treffen, war er erschreckend dünn, sein Gesicht blass und schmal. Man war in einem kleinen italienischen Lokal verabredet.

»Wie geht's dir?«, fragte der eine der beiden Autoren.

Dieter sah ihn direkt an und hatte auf einmal etwas in den Augen, das an früher erinnerte. »Ach«, begann er seine Antwort mit einer bagatellisierenden Handbewegung, und der Autor wusste plötzlich ganz genau, auf welche Weise er fortfahren würde. »Ich kann nicht sitzen wegen der Schmerzen im Rückgrat, ich krieg kaum Luft, weil meine Lunge voll Wasser ist, nachts muss ich aufstehen, weil ich so Kopfweh habe …«, er hob ein wenig die Schultern und lächelte. »Aber sonst …«

Früher haben sie dieses »aber sonst« oft verwendet: Zuerst alles Mögliche aufzählen, was schiefgegangen ist, dann lachen und sagen: Aber sonst.

14. Kapitel

Textteile fehlen – oder die große Komödie der digitalen Welt

Es ist eine Revolution im Gange, da sind sich alle einig. Kein Stein wird auf dem anderen bleiben, weltweit, quer durch alle Gesellschaften, und jeder weiß: Er muss mit, sonst wird er weggeblasen. Der Kleine und der Große, der Junge und der Alte, der Arme und der Reiche, der Kluge und der Dumme.

Die digitale Revolution, die Chips, das Netz, die Server, die totale Kommunikation. Mit wem bist du connected? Mit wie vielen? Wie? Hast du dein Geschäft schon umgestellt? Wie sieht *deine* Antwort aus auf die neue Welt?

Wir werden mit diesem Buch ganz sicher nichts beitragen, was diese Revolution voranbringt oder aufhält. Was uns interessiert, ist die folgende Erkenntnis: Die immer neuen Stürme in der digitalen Welt sind ein ganz großer Komödienstoff.

Die Situation, die hier entstanden ist, ist für Komödienschreiber ein gefundenes Fressen, weil sie alle Zutaten enthält, die Komik braucht. Schon Jerry Lewis wusste: Der beste Ausgangspunkt für etwas wirklich Lustiges ist ein Mensch, der ein Problem hat und versucht, es zu lösen. Diesen Ansatz finden wir hier millionenfach potenziert vor: Alle haben Probleme, die schnell gelöst werden müssen, aber niemand hat ein Rezept. Jeder hat Angst, etwas zu verpassen, jeder fühlt sich heimlich überfordert, jeder hat tief in sich die Befürchtung: Es wird nicht gutgehen.

Jeder muss so tun, als sei er ganz vorne dabei. Jeder spielt allen was vor, aber niemand, niemand, niemand darf irgendetwas davon zugeben.

Wir sehen einen gelernten Metzger vor uns, einen großen und starken Mann, der stolz ist auf sein Motto: »Ich geh mit der Zeit.« Vier eigene Filialen hat er in seiner Stadt – mit Catering-Service, Imbissstand, Bio-Abteilung. Jeden Montag findet man ihn in seinem Stammlokal bei einer Art Fach-Stammtisch mit Kollegen: Fleischverkäufer, Viehhändler, Wursthersteller … Dort hören wir ihn jetzt reden: »Ich mach jetzt einen Shop im Internet auf. Wer geht denn heut noch in einen Laden, läuft doch alles übers Netz. Die Kalbsleber kann ich doch auch dort kaufen, ein Klick, zack und sie kommt zum Kunden nach Hause, das ist die Zukunft …«

»Und wie machst du das?«, fragt einer in der Runde.

»Ganz neue Software«, sagt unser Mann. »Das Modernste überhaupt, wenn's dich interessiert, sag Bescheid.«

»Sag mal, rechnet sich das mit der einen Kalbsleber?«, fragt ein anderer, »da brauchst du doch einen, der die Leber extra fährt …«

»Ja, ja, ob und wie sich was rechnet, wird man dann sehen, aber so darfst du nicht denken. Wir sind ja erst in der Betaphase, wir haben auch noch Probleme, da gibt's haufenweise Bugs …«

Betaphase? Bugs? Der Fleischhändler und zwei Wurstfabrikanten hören die Worte und sagen nichts. Der Metzger fährt fort: »Kennt ihr den Spendsberger Anton? Der kennt sich im Netz aus wie keiner. Der ist mein Spezialist.«

Wie immer, wenn es um die digitale Revolution geht, ist man auch an diesem Tisch schnell bei den großen Visionen. Warum kein Vertrieb nach Shanghai? Saure Leber, Made in Germany?

»Und das kann alles die neue Software und der Spendsberger Anton?«, fragt einer der Wurstfabrikanten. Er ist es, der in dieser Nacht lange nicht einschläft, allein mit seinen und des Metzgers Gedanken. Am nächsten Morgen wird er zu seiner Frau sagen: »Es geht so nicht weiter. Wir müssen ganz neue Wege gehen.«

Überhaupt die Nächte. Jetzt sehen wir eine Frau vor uns. 39 Jahre ist sie alt, studierte Betriebswirtin, seit acht Jahren bei einem großen Konzern in der Versandhandelsbranche. Vor anderthalb Jahren wurde sie befördert: Leiterin einer ganz neu geschaffenen Abteilung »Electronic Business Ventures«. Es ist schon nach Mitternacht, sie sitzt vor ihrem Rechner im Büro, vor sich eine Präsentation mit 140 Seiten, Charts heißt das. Morgen muss sie damit dem Vorstand Rechenschaft ablegen. Was haben denn die neuen, elektronischen Geschäftsfelder an Gewinn gebracht? Wie steht es um unsere Zukunft? Unterm Strich gewissermaßen?

In dieser nächtlichen Stunde ist der Frau klar: In Wirklichkeit geht es nur um das Chart Nummer 86. Hier wird der von ihr vor einem Jahr prognostizierte Gewinn in einer Säule dargestellt – und einer zweiten Säule gegenübergestellt: dem tatsächlichen Gewinn. Diese Gegenüberstellung ist vernichtend. Die erste Säule ist sehr groß, und darunter steht die Zahl 8 Millionen Euro. Das war der Plan. Die zweite Säule ist sehr klein, und darunter steht die Zahl 0,2 Millionen. Das ist das Ist.

Die anderen 139 Charts, an denen sie bis eben noch immer wieder gefeilt hat, an den Formulierungen, Diagrammen und Kurven, diese anderen Charts haben nur ein Ziel: die Brutalität des einen abzumildern. Sie weiß, dass dieser große Rest nur heiße Luft ist. Sie sitzt sozusagen in einem Zimmer, das bis oben gefüllt ist mit heißer Luft. Aber plötzlich fasst sie neue Hoffnung. Denn ihr Professor fällt ihr ein. Der immer wieder sagte: In der Wirtschaft setzt man Vertrauen nur in Gewinne – oder in überzeugende Menschen. Unsere Frau schaut auf die Uhr und weiß: Sie hat noch neun Stunden Zeit, sich in diesen Menschen zu verwandeln.

Noch jemanden sehen wir vor uns. In letzter Zeit träumt der Mann komisches Zeug. Er ruft Gespenster auf den Plan, Begriffe werden plötzlich lebendig, aber leider verwandelt er sie in Monster. Letztens träumte er von einem riesigen Browser, der aber aussah wie ein Bär, ein böser, schwarzer Bär mit einem viel zu großen Kopf und einem langen unbehaarten Rattenschwanz. In einem anderen Traum fand er sich auf einer Expedition wieder. Zusammen mit einem Experten aus Silicon Valley und seiner hübschen Sekretärin kroch er auf allen vieren durch eine merkwürdige Landschaft aus grauen Seilen und gelben Gaswolken. Und nur er wusste, aber ganz sicher: Das ist der berühmte »Edge of the Internet«, der Rand des Netzes. Ein dritter Traum kehrt sogar immer wieder: Er hört die Stimme eines Mannes, der vor ihn hintritt und sagt: »Das müssen Sie sich ansehen, unbedingt müssen Sie sich das ansehen.« Aber er schafft es einfach nicht, die Augen zu öffnen, sosehr er es auch versucht.

Früher war unser Mann mit den sonderbaren Träumen ein ganz normaler Journalist, hat Reportagen geschrieben, Interviews gemacht, Ressorts geleitet, Blätter gemacht. Bis ihn eines Tages sein Chef zu ihm rief und ihm sagte, dass er in Zukunft ganz auf ihn setzt. Nur er hätte die Fähigkeit und die Erfahrung in der vielleicht wichtigsten Phase in der Geschichte des Verlages, die neuen Herausforderungen anzunehmen. Sie wissen schon: Online, Audiovisuelle Inhalte, User generated Content. Wollen Sie sich darum kümmern? Er sagte ja – und er freute sich auf diesen Job.

Unser Thema ist die Heiterkeit. Und wir wählen jetzt mal die direkte Ansprache an die Leserinnen und Leser: Achten Sie mal darauf, in welchem Feuerwerk wir alle stehen, nicht nur die drei beschriebenen Prototypen, einem Feuerwerk der unglaublichsten Begriffe: Browser, Bugs, Search Engine Marketing, Content-Managementsystem, einloggen, abmelden, Wireless Lan, MP3-Datei runterladen, PDF verschicken, mail failure … Begriffe, die ständig kommen und gehen, sich jagende Trends in der Kommunikation. Und niemand kommt auf die Idee, diese Begriffe in Frage zu stellen, weil er sie auch selber abfeuert als Nebelkerzen seiner eigenen Kompetenz und seiner eigenen Pläne.

Für eine Komödienszene muss man also vielleicht gar nicht übertreiben, sondern nur beobachten: In einem Konferenzraum sind acht Menschen versammelt, und es brennt das unberechenbare Feuer unserer Revolution. Einer von ihnen beschwört die Zukunft der digitalen Welt, trägt eine neue Idee vor, einen Ansatz, der so noch nie da gewesen ist.

Wir schwören: In solchen Konferenzen hat weder der Vortragende das Thema *wirklich* verstanden noch die Zuhörer. Der Vortragende hat sich schließlich auch erst durch mehrere Powerpoint-Präsentationen seiner Mitarbeiter arbeiten müssen, um ein Gefühl für die Materie zu bekommen. Die Zuhörer, die noch weniger drin sind im Thema, müssen eine Entscheidung fällen.

Lieber Hape Kerkeling, wir, die beiden Autoren,

wünschen uns von Ihnen so sehr, dass Sie einmal in die Rolle eines Internet-Gurus schlüpfen, vielleicht aus Kanada oder Indien. Denn wir würden so gern wissen, wie weit Sie kommen in deutschen Konzernen mit irgendeinem totalen Unsinn. Wir fürchten: ziemlich weit.

Zu dem Potenzial für die große Komödie gehört das Geschenk, dass so viele Menschen vor kurzem noch in einer ganz anderen Welt waren – und in diese neue gewissermaßen reingeplumpst sind. Manchmal wird die tiefe Ahnungslosigkeit trotz aller Vorkehrungen für einen kurzen Moment sichtbar.

Es geschah in einem Hamburger Pressehaus. Ein Telefonat. Es geht um die Bearbeitung eines Textes. Und es ist Sonntag. Jegliches Hilfspersonal wie Sekretärinnen oder Computer-Experten sind nicht da. Ein Redakteur im Büro. Der andere Redakteur zu Hause. Der eine Redakteur sagt: »Hol dir den Text aus dem Transfer-Ordner.« Der andere Redakteur sagt, da er nicht weiß, was der Transfer-Ordner überhaupt ist: »Ach, schick ihn mir doch per Mail als Word-Dokument, das ist mir lieber.«

Der erste Redakteur sagt, da er nicht weiß, wie er den Text als Word-Dokument verschicken kann: »Nein, nein, im Transfer-Ordner ist es viel einfacher.«

Jetzt muss der zweite Redakteur seinen Mut zusammennehmen und sein Defizit zugeben: »Wie war das nochmal gleich mit dem Transfer-Ordner, wie komm ich da rein?«

»Kein Problem«, sagt der erste Redakteur. »Melde dich einfach an als Aushilfe 1 in meiner Abteilung, also Abteilung 2.«

»Okay, erledigt«, sagt der zweite Redakteur. »Aber jetzt brauch ich euer Codewort, wie heißt'n das?«

Schweigen in der Leitung. Dann zwei Worte. »Gute Frage.« Dann wieder Schweigen. Dann: »Ich fax dir das Manuskript.«

Die Überforderung und die Tarnung dieser Überforderung – das ist der große Komödienstoff.

Das Lachen darüber bewahrt uns im Alltag die Heiterkeit, hilft uns also, in dieser ja wirklich faszinierenden Revolution mit Würde zu bestehen. Der Trick der Heiterkeit funktioniert auch hier.

Darüber hinaus liefert die neue Technik ja auch unendlich viele kleine Geschichten, lustige Details und hinreißende Plots für Nebendarsteller.

Florian und die fehlenden Textteile

Jeder, der SMS schreibt, kennt das Phänomen. Manchmal reißt eine Nachricht mitten im Satz, mitunter sogar mitten im Wort ab. Zum Beispiel: »Haben Sie schon darüber nachgedacht, ob …« Dann erscheint in Klammern der Hinweis: »Textteile fehlen«. Aber die neue Technik kann tatsächlich viel, man kann sich in der Regel darauf verlassen, dass sie die Nachricht irgendwann vervollständigt. Das kann aber dauern, auch bis zu einem Tag. Irgendwo da draußen schwirren also Worte und Buchstaben herum, die von der Technik eingefangen werden müssen. Wie sie das macht, weiß der Teufel. Jedenfalls sind es wichtige Worte. Menschen warten auf diese Worte und mit ihnen auf einen Sinn. Menschen haben Angst vor diesen fehlenden Textteilen. Und manchmal phantasieren sie ihr Glück herbei.

Bei unserem Freund Florian kam die zerstückelte SMS von einer Judith, und sie lautete so: »Kommst du morgen Na... (Textteile fehlen).« Nach der Vorgeschichte mit Judith, in der vor allem *er* eine beginnende Romanze sah, und nach reiflicher Überlegung, war für Florian klar: Das heißt ganz bestimmt, das kann überhaupt nur heißen: »Kommst du morgen Nacht zu mir?« Es dauerte Stunden – eigentlich ganz vergnügte Stunden für Florian, da er wusste, was kommt –, bis die Technik ihren Job erledigt hatte und den Rest der Zeichen nachschickte: »Kommst du morgen Nachmittag dazu, mir die Nummer deines Steuerberaters zu mailen?«

Ein Navigationssystem irrt nicht

Marion hatte erst vor ein paar Tagen gelernt, wie das geht mit dem Navigationssystem im neuen Wagen der Familie. Technische Spielereien sind so gar nicht ihre Sache. Man kann davon ausgehen, dass ihr Mann der Meinung war, dass sie über das Eingeben einer Adresse nicht hinauskommen würde. Es war auch eher Zufall, dass sie die Datei mit fest gespeicherten Zielorten entdeckte, und sie hätte sie auch schnell wieder vergessen, hätte sie dabei nicht das Wort »home«, Zuhause, gelesen. So beschloss sie, bei der nächsten größeren Rückfahrt diese Taste zu drücken. Und das System lotste sie. In dreihundert Metern bitte links abbiegen …

Auf diese Weise stand sie dann irgendwann vor der Wohnung ihrer besten Freundin. Und auf diese Weise erfuhr sie von der Affäre ihres Mannes mit dieser Freundin. In dem Archiv des Navigationssystems hatte ihr Mann zwei häufig benutzte Routen gespeichert. Home 1 und Home 2. Marion hatte diese Unterscheidung gar nicht bemerkt und einfach nur auf die falsche Taste gedrückt.

Karlas tödliche Business-SMS

Ihr neuer Chef geht ihr auf die Nerven, mit dem kann sie gar nicht. Jetzt will er mit ihr Abendessen gehen. Weil er in der Stadt noch fremd ist, soll sie ein Lokal vorschlagen. Karla schickt ihm ihren Vorschlag per SMS: La Gabella, 20 Uhr. Sie will ihre schlechte Laune noch mit einer Kollegin teilen und formuliert noch eine SMS: »Geh heute bloß nicht ins La Gabella, da sitz ich mit dem Chef. Grrrr. Kotz.« Irgendwie hat dann ihr Daumen einen Fehler gemacht. Er, der Daumen, schickte diese SMS nämlich nicht wie geplant an die Kollegin – sondern wieder an den Chef.

Es wurde ein sehr entspannter Abend.

Der kleine Arthur auf der Pornoseite

Arthurs Vater ist ein liberaler Vater. Er hasst das Gerede von den Gefährdungen der Kinder durch die neue Zeit, er vertritt offensiv die Ansicht, Kinder und Computer gehören zusammen, er weist die Bedenken seiner Frau immer wieder zurück, dass Computerspiele vielleicht doch den Charakter verderben, dass das Internet vielleicht doch Autisten hervorbringt. Er ist felsenfest davon überzeugt, dass man Kindern nicht zu viele Vorschriften machen darf, sondern stattdessen ihre eigene Urteilsfähigkeit fördern muss. Dann kam dieser Samstagnachmittag. Nach dem Essen machten er und seine Frau einen kleinen Spaziergang. Arthur wollte lieber nicht mit. Er ging an den Computer. Zehn ist er, Sommersprossen, ein lustiger Kerl. Es war nicht das erste Mal, dass der kleine Arthur auf dieser Seite herumsurfte. Aber es war das erste Mal, dass sein Vater es mitbekam. Die Seite hieß »voyeur.org« und Arthurs letzter Klick bezog sich auf ein Video mit der Überschrift »Vroni in den Arsch gefickt«.

Arthurs Vater ist ein liberaler Vater. Mit seiner Frau hat er erst einmal nicht darüber gesprochen. Er muss sich zunächst selbst darüber klarwerden, was er tun soll.

Der verzögerte Offenbarungseid

Ralph ist 47, hat eine leitende Position in seiner Firma, es ist also durchaus von Bedeutung, wie er gesehen wird: eine seriöse Figur in der Geschäftswelt. Was nicht zu diesem Bild passt, ist sein privater Kontostand, sein ständiger Ärger mit der Bank. Gerade ist es besonders schlimm, deshalb muss er einen ihm peinlichen Brief schreiben, in dem er um

Aussetzung seiner Ratenzahlung bittet und um vorübergehende Erhöhung des Dispo-Kredits. Er tippt ihn im Büro in seinen Computer. Und wie das so ist bei solchen privaten Dokumenten: Man achtet darauf, dass man neben dem Drucker steht, wenn sie ausgedruckt werden, man möchte nicht, dass sie in der ganzen Firma herumfliegen. Aber wie das so ist mit Druckern: Das sind extrem sensible Geräte. Weiß der Teufel, wie viele Sachen gleichzeitig gewährleistet sein müssen, damit das Ding druckt. Oft jedenfalls blinkt eine rote Lampe – und nichts geht. So auch jetzt, in der Mittagspause der Sekretärinnen, als Ralph seinen Brief direkt aus dem Drucker ziehen will.

In den nächsten 24 Stunden erleben ihn die Kollegen in seinem Büro als auffallend nervösen Nebendarsteller, der ständig im Sekretariat herumlungert, wissen will, was denn genau der Defekt sei, den gerufenen Techniker sogar selber fragt, ob man eigentlich erteilte Druckaufträge dem Gerät gewissermaßen wieder entziehen könne. Auf die Bemerkung einer der Sekretärinnen, er solle sich keine Sorgen machen, sie habe da ohnehin ein Auge drauf und würde die Sachen dann schon richtig aussortieren und in die jeweiligen Fächer legen, auf diese Bemerkung soll er auffallend unfroh reagiert haben.

Moderne Zeiten. Wir haben in diesem Buch schon einmal formuliert, wie hilfreich im Alltag ein besonderer Blick ist. Ein besonderer Blick auf sich selbst, auf die Menschen um einen herum, auf die Situation, in der man sich befindet. Es ist vielleicht ganz gut, sich an jemanden zu erinnern, der inmitten einer ähnlichen Revolution diesen besonderen Blick entwickelt hat, eine große Komödie daraus machte und die ganze Welt auf eine heitere Art mit der Revolution versöhnte.

Die Bilder, die er entstehen ließ: unvergessen, vom Mann zwischen überdimensionalen Zahnrädern bis zu seinem Tick, seine Bewegung am Fließband in sein Leben mitzunehmen.

Der Mann, der sie schuf: Charlie Chaplin. Ein großer Held der Heiterkeit. Und ein Vorbild für unsere Rolle in der heutigen digitalen Revolution.

15. Kapitel

Helden der Heiterkeit (5–7)

Margarete Mitscherlich, Silvia Bovenschen, Ruth Klüger

Der Einsatz für die Heiterkeit hat immer damit zu tun, der Düsternis zu widerstehen, sich nicht fallen zu lassen in die Tristesse. Diese Kraft zu widerstehen: Auch deswegen haben wir die folgenden drei Frauen ausgesucht.

Margarete Mitscherlich sitzt in einem großen Hörsaal in Frankfurt, das Thema ist sie, ihr Leben als Frau, ihre Arbeit als Psychotherapeutin, ihre Persönlichkeit als Gesellschaftskritikerin. 91 ist sie jetzt, eine Menge Leben sitzt da. Die Jahre gegen die Nazis, ihre Karriere als Wissenschaftlerin, Geliebte eines verheirateten Mannes, erst heimlich, dann offen, Mutter eines unehelichen Kindes, allein erziehend, alles ungewöhnlich damals, alles immer ein bisschen gegen den Strom. Was sofort auffällt an ihr, ist eine gewisse Schonungslosigkeit, vor allem sich selbst gegenüber, vielleicht kann man es sogar Härte nennen. Und sie wirkt vom ersten Moment an frei – so, als hätte sie alles gut überstanden, irgendwie unbeschädigt.

Sie erzählt, liest aus Texten, lässt Fragen zu. Es meldet sich jetzt ein Mann zu Wort, Mitte fünfzig, Brille. Seine Frage ist eigentlich keine Frage, sondern ein längliches Statement über die düstere Lage der Nation: allgemeiner Werteverfall, böse neue Medien, nirgends mehr Typen, überall Unfähigkeit beim Lösen der Probleme der Zeit. Alles, was er sagt, ist darauf ausgerichtet, dass er jetzt – man spürt es förmlich in dem Raum – Beifall bekommt: von der großen alten Dame des Niveaus. Doch da täuscht er sich gewaltig. Margarete Mitscherlich hat nur ein kleines Lächeln für ihn übrig. Sie sagt: »Das ist mir alles viel zu wehleidig, junger Mann. Sie sind ja nur am Jammern. Lassen Sie es mich so sagen: Jedes Leben hat seine Erschütterung, jede Zeit auch. Diese Selbstverständlichkeit zu beklagen – da machen Sie es sich sehr einfach.«

Silvia Bovenschen ist eine renommierte Literaturwissenschaftlerin. Ihr Markenzeichen ist ihre Klugheit, die Schärfe in ihrer Analyse. Sie gilt als eine der führenden Intellektuellen des Landes.

62 ist sie, ein Alter, von dem sie dachte, dass sie es nie erreicht. Ihren 50. Geburtstag hat sie mit einem großen Fest gefeiert, weil sie da schon sicher war: Es ist der letzte runde. Sie leidet an Multipler Sklerose, sitzt im Rollstuhl. In den letzten Jahren hat sie mit höchst erfolgreichen Büchern überrascht, in denen sie auch über die sogenannten kleinen Dinge des Lebens schrieb, über Fernsehen zum Beispiel, über

dicke Pferde, über Fußball, über Zahnärzte. Über unser Thema, die Heiterkeit, hat sie in einem Interview mit der Journalistin Johanna Adorján folgendes gesagt: »Wenn ich für etwas in den Krieg ziehen würde, dann wäre es für die gute Laune.«

Auch Ruth Klüger, die dritte Heldin ist eine sehr eindrucksvolle Frau. Ebenfalls eine gefragte Wissenschaftlerin, sie hat ein fulminantes Buch über ihre Kindheit im Nazi-Deutschland und im KZ geschrieben: »weiter leben«. Auch sie zeichnet eine enorme Unabhängigkeit aus. Alles, was sie sagt, ist original. Da ficht eine auf dem allerhöchsten Level die Kämpfe des Lebens aus. In ihrer unlängst erschienenen Autobiographie beschreibt Ruth Klüger die Kunst, Ballast abzuwerfen – und sich von Menschen zu trennen, wenn es nötig ist. Auch wenn es Menschen sind, die einem einmal viel bedeutet haben. Die eigene Identität gewinnt nicht nur durch das Hinzufügen von etwas – sondern auch durch das Loswerden.

Wir behaupten: Diese drei Frauen haben etwas gemeinsam, einen Schutzschild besonderer Art. Das Material aus dem er besteht, ist die Entschlossenheit, sich auf dem Lebensweg nicht unterkriegen zu lassen – von nichts und niemandem. Jedes Leben hat seine Erschütterung, jede Zeit auch. Das ist die Grundlage von allem. Weil sie ihren Schutzschild haben, konnten diese drei Frauen auch gefährliche Wege gehen.

Es kann nicht schaden, sich Margarete Mitscherlich, Silvia Bovenschen und Ruth Klüger zum Vorbild zu nehmen.

16. Kapitel

Todfeinde der Heiterkeit

»Mach's gut. Aber nicht zu oft.«

Ohne Worte.

17. Kapitel

Was hat das mit mir zu tun? Die Kraft überraschender Zusammenhänge

Was hat das mit mir zu tun? Außerhalb von Hamburg, direkt an der Elbe, gibt es ein altes Café mit einer großen Terrasse. Das Spezielle an diesem Café fällt auf den ersten Blick gar nicht auf. Der Vater mit dem kleinen Jungen, den wir an diesem Samstagvormittag beobachtet haben, wusste garantiert auch nicht, was hier los ist. Da das Gespräch zwischen Vater und Sohn am direkten Nebentisch stattfand, erfuhren wir, dass der Sohn Max heißt und ein ziemlicher schlechter Schüler ist, in den Augen des Vaters »miserabel«. Der Junge hatte inzwischen eine Apfelschorle vor sich und trug eine FC-St.-Pauli-Kappe und ein FC-St.-Pauli-T-Shirt. Erste Worte einer ernsten Ermahnung wehten zu uns herüber: Ich will dir mal erklären, was Schule ist, du hast noch nicht begriffen, dass …

In diesem Moment schob sich das Spezielle dieses Cafés nach vorne. Man hörte ein kurzes, sehr lautes Knistern, realisierte, dass auf dieser Terrasse etwa zehn Lautsprecher angebracht sind, und dann kam die Ansage: »Wir begrüßen in Hamburg den Frachter Polaris 2, Länge 255 Meter, 140 000 Bruttoregister-Tonnen, er fährt unter finnischer Flagge, kommt jetzt aus Südamerika, hat hauptsächlich Baumwolle geladen, Besatzung finnisch, 15 Mann.« Das riesige Schiff gleitet direkt an der Terrasse vorbei, blauweiß, mit zwei riesigen sich drehenden Antennen über der Steuerbrücke. Ein eindrucksvolles Bild. Der kleine Max, durchaus bereit, eine Ablenkung anzunehmen, verfolgt das Schiff mit großen Augen, sieht aber auch am stoischen Blick seines Vaters, dass es angebracht ist, sitzen zu bleiben. Der Vater lässt die Ansage und etwa die Hälfte des Schiffes an sich vorbeiziehen, dann setzt er seine Ansprache fort: »Deine Leistungen machen deiner Mutter und mir Sorgen, wir müssen ...« Die zweite Spezialität des Cafés besteht darin, dass die Begrüßungsansage wiederholt wird – und zwar in der jeweiligen Landessprache, diesmal also auf Finnisch.

An manchen Tagen kommt auch mal eine halbe Stunde lang kein Schiff vorbei. Aber an diesem Vormittag war eine Menge los auf der Elbe. Das zweite Schiff hieß Harmonia und kam aus Polen, unmittelbar gefolgt vom Containergiganten »Red Dragon« aus China. Und so ging es weiter und weiter. Wir glauben, uns daran zu erinnern, dass es das vierte Schiff war, »Die kleine Pirouette« aus Turkmenistan, die den Willen des Vaters schließlich brach, den Ernst beizubehalten und eine Standpauke loszuwerden.

Irgendwann sahen wir den Vater mit seinem Max am Geländer der Terrasse stehen, redend und lachend und den Schiffen zuwinkend. Man kann es im Grunde nicht anders formulieren: An diesem Tag wurde ein kleiner Junge in Hamburg vom großen Schifffahrtsgeschäft der Weltmeere mit seinen Besatzungen, Frachten und Routen – gerettet. Einer der wichtigsten Leitsätze der Chaostheorie, dass der Flügelschlag eines Schmetterlings in Australien eine Stadt in Kanada zum Einsturz bringen kann, hat hier im Café eine neue Variante erfahren.

Was hat das mit mir zu tun? Normalerweise versuchen Menschen, sich mit diesem Satz zu schützen, den Ernst des Lebens, oder wenigstens einen Teil davon, von sich fern zu halten. Wir behaupten: Das kann ein Fehler sein. Und davon werden wir in diesem Kapitel berichten.

Überraschende Zusammenhänge lösen Heiterkeit aus. Laut Freud ist Heiterkeit der Trick, sich Leiden zu ersparen. Wenn das stimmt, sollte man in seinem Alltag eine Fahndung einleiten, um solche ungewöhnlichen Zusammenhänge aufzuspüren.

Machen wir mal ein kleines Spiel. Wir haben da ein paar Personen und ein paar Zutaten, und wir werfen sie jetzt sozusagen alle in einen Topf. Da ist ein amerikanischer Präsidentschaftskandidat und ein Zwetschgendatschi, der größte Skandal der internationalen Pressegeschichte und eine Kabarettistin, eine überforderte Krankenschwester und ein äußerst grimmiger italienischer Fußballspieler, dann haben wir da noch eine Legende, Jesus Christus, die Kaiserin Sissi und das Feuilleton einer großen Zeitung.

Was gehört zu wem?

Haken wir zunächst Jesus Christus ab. Wir befinden uns in einer Diskussionsrunde im amerikanischen Wahlkampf. Millionen Fernsehzuschauer, der republikanische Präsidentschaftsbewerber Mike Huckabee steckt in der Klemme. Der Moderator hat sich für ihn, den Baptistenprediger, eine knifflige Frage ausgedacht: Sie befürworten ja die Todesstrafe. Was würde wohl Jesus Christus dazu sagen? Geschickt dreht Huckabee seine Antwort an der Frage vorbei, sagt mit vielen Worten erst mal nichts. Doch der Moderator wiederholt die Frage an den tief gläubigen Huckabee. Nochmal, Mister Huckabee, was würde wohl Jesus Christus dazu sagen, dass Sie die Todesstrafe befürworten? Die Kamera geht auf sein Gesicht. Nahaufnahme. Und Huckabee sagt jetzt: »Jesus Christus wäre viel zu schlau, um sich für diesen Scheißjob zu bewerben.« Der Moderator musste lachen, sogar seine politischen Gegner, das Publikum sowieso. Woher auch immer er diesen Einfall hatte – jedenfalls war die Frage ein für alle Mal vom Tisch geputzt, und er selbst wochenlang der politische Liebling der Nation.

Wenn die Münchner Kabarettistin und Schauspielerin Gisela Schneeberger an die Anfänge ihrer Karriere zurückdenkt, fällt ihr immer eine Preisverleihung im Allgäu ein. Es war der erste Preis, den sie in ihrem Leben gewonnen hat, und sie weiß noch, wie sehr sie sich über das Schreiben gefreut hat, in dem ihr das mitgeteilt wurde. Im Rahmen eines großen Festes in einer Halle sollte sie ausgezeichnet werden, und am Ende des Schreibens hieß es: »… freuen wir uns sehr, wenn Sie für das Fest einen Beitrag leisten.« Natürlich dachte die Jury dabei an einen Auftritt der Kabarettistin. Die aber dachte an andere Feiern ihres Lebens, Kindergeburtstage, Schulfeste etc. »Was soll ich sagen«, erinnert sie sich, »ich hab einen Zwetschgendatschi gebacken.« Gisela Schneeberger hat später noch viel Anerkennung erfahren. Vieles davon hat sie vergessen, aber nie den Moment, in dem sie statt mit einem lustigen Manuskript in der Tasche mit dem noch warmen Zwetschgendatschi-Blech die ziemlich kalte Halle betrat.

Die Redaktion der erwähnten großen Zeitung ist eine leise Angelegenheit. Intellektuell, gedankenschwer, man ist gewöhnt, ruhig zu argumentieren. An diesem Abend während der Produktion hatte sich eine Gruppe verantwortlicher Redakteure zusammengefunden, um über die Zukunft der Zeitung zu diskutieren. Und man fing auch an, darüber zu spekulieren, welchen hochkarätigen Journalisten und Denker man verpflichten könnte. Klug müsse er sein, gebildet, der Mann für die großen Leitartikel, vor allem im Feuilleton. Dass dieser Abend völlig aus dem Ruder lief, das hing mit dem Gesicht eines Mannes zusammen, das plötzlich kurz auf dem Fernsehschirm auftauchte, wo die Nachrichten liefen. Es war das Gesicht des grimmigsten und brutalsten Fußballspielers der Welt, das Gesicht des italienischen Nationalspielers und Kampfverteidigers Gattuso. Lange Haare und ein struppiger Bart prägen diesen Mann, wie auch die nie ganz geklärte Frage, ob er überhaupt sprechen kann. »Ich weiß jetzt, wen wir holen«, sagte einer der Journalisten, »und zwar als Feuilletonchef: Gattuso.« Es folgten Lachsalven, die immer wieder neu ausbrachen bis in den frühen Morgen.

Die Dienstpläne des Pflegepersonals einer geriatrischen Krankenstation in Tutzing am Starnberger See sind ein kleines organisatorisches Kunstwerk. Zu wenig Pfleger und Pflegerinnen müssen auf zu viele Patienten verteilt werden, zu wenig Zeit auf zu viele Tätigkeiten: Waschen, Umbetten, An- und Ausziehen, Infusionen, Medikamente, Toilettengänge … All das Tag und Nacht, Samstag, Sonntag. Nur alte Menschen, oft keine Hoffnung, dass sich am Zustand noch etwas bessert. In dem komplizierten Geflecht aus Schichtplänen im Minutentakt, gibt es wenig Gelegenheit für persönliche Gespräche und Beziehungen. Die Pflegerin, um die es hier geht, arbeitet seit vier Jahren auf dieser Station. Sie ist Anfang dreißig, hübsch, Typ Romy Schneider. Sie kennt den Betrieb, sagt, dass man manchmal schon aufpassen muss, die Tristesse dieses Alltags nicht mit nach Hause zu nehmen.

»Dass ich vier Wochen lang zuständig war für Bett 3 im Zimmer 7, war reines Glück«, sagt sie. Die Patientin, die dort lag, war medizinisch gesehen eine Vollkatastrophe, zum Skelett abgemagert, Nierenversagen, Leber kaputt, Kreislauf kritisch, alles kritisch. »Als diese Frau mich zum ersten Mal sah und sagte: ›Ach, da kommt die Kaiserin Sissi!‹, dachte ich: wieder eine, die verwirrt ist und nicht mehr richtig tickt. Aber das war ganz falsch.« Was jetzt in Zimmer 7 begann und vier Wochen dauerte war ein echtes Glanzstück der Phantasie. Die alte Patientin, bei der nur noch das Gehirn funktionierte, nahm die überlastete Pflegerin, die sie an die Kaiserin Sissi erinnerte, zu Ausflügen mit, Ausflügen ganz besonderer Art.

»Es waren Opernbesuche, und ich freute mich schon drauf, wenn ich an ihr Bett trat. Heute Tristan und Isolde, sagte sie zum Beispiel und fragte gleich, was wir anziehen. Welches Kleid? Das lange Blaue aus Samt? Welcher Schmuck? Wir redeten darüber, ob wir vorher noch ein Glas Champagner trinken sollen und wo wir für später einen Tisch reservieren wollen. Das Besondere war, ich hatte keine Ahnung von Opern, ich war noch nie im Nationaltheater. Aber sie hat für mich diese Welt entstehen lassen, wie sie das alles beschrieben hat, auch was sie dann über die Musik erzählt hat …«

Das Besondere war: All das geschah, während

die Patientin gewaschen wurde, umgebettet, auf die Schüssel gelegt, während sie gefüttert und eingecremt wurde. Niemand, der sie dabei beobachtet hätte, wäre auf die Idee gekommen, dass sie gar nicht anwesend waren. Keiner wusste, dass sie sich in einen völlig anderen Zusammenhang katapultiert hatten, vom Zimmer 7 in die Welt der Musik. »Sie hat immer zu mir gesagt, es ist für sie eine Ehre, mit der Kaiserin Sissi in die Oper zu gehen. Dann haben wir immer gelacht. Vielleicht hört sich das komisch an«, sagt die Pflegerin, »aber die vier Wochen haben mir sehr viel bedeutet. Als sie nach Hause verlegt wurde, nahm sie mir ein Versprechen ab. Ich musste schwören, dass ich eines Tages wirklich in die Oper gehe.«

Übrig geblieben in dem großen Topf sind noch die Legende und der Presseskandal. Die Legende ist »Stern«-Gründer Henri Nannen, der Skandal die Veröffentlichung der gefälschten Hitler-Tagebücher. Ein Lebenswerk drohte, zertrümmert zu werden. Nannen hatte jahrzehntelang den »Stern« von einem Erfolg zum nächsten getrieben, das Blatt zur wichtigsten Illustrierten der Welt gemacht. Und jetzt? Die große Pleite, die Schande. Und die Frage an den alten Herausgeber: Ist es nicht furchtbar, wenn einem am Ende einer solchen Karriere ein derartiger Fehler passiert? Henri Nannen antwortete: »Besser als am Anfang.«

Was gehört zu wem? Das kleine Spiel ist vorbei. Nichts passte da zusammen, und genau darum ging es uns. Neue, überraschende Zusammenhänge haben das Potenzial, Leid zu ersparen, Situationen von einer Sekunde auf die andere zu entschärfen. Mehr noch. Arthur Koestler verweist in dem Buch »Der göttliche Funke« darauf, dass Entdeckungen und Erfindungen – und auch der Humor, nebenbei bemerkt – eigentlich niemals oder sehr selten im Entdecken einer vollkommen neuen Sache bestehen, sondern dass die Entdeckung vielmehr die Herstellung einer bisher unbekannten Beziehung zwischen zwei bereits bekannten Dingen im weitesten Sinne ist. Und er sagt, dass je bekannter die beiden Dinge für sich sind, desto verblüffender, überraschender und genialer dann diese Entdeckung zu sein scheint.

In dem, was Koestler hier sagt, steckt übrigens ein besonders überzeugendes Argument gegen die Philosophen des Ernstes, die stets die Heiterkeit als oberflächlich denunzieren, ihr die Tiefgründigkeit absprechen, die Relevanz.

Einer der beiden Autoren erinnert sich daran, wie es ihm mal richtig schlechtging. Nicht die ganz große Nummer wie schwere Krankheit oder Fuß ab, sondern die mittelgroße, Marke: Liebe, Job, Sinn des Lebens – alles Scheiße. Er konnte nicht schlafen, stand nochmal auf, legte sich auf die Couch und zappte sich durch den Fernseher. Bis er bei einem merkwürdigen Bild hängenblieb. Er sah einen Mann im Bett liegen, offensichtlich gerade aufgewacht, der auf einen großen Zeh starrte, der am Fußende aus der Bettdecke hervorragte. Aus nicht ersichtlichen Gründen beunruhigte den Mann dieser Zeh aufs Äußerste. Irgendwie muss er ihn für etwas Gefährliches gehalten haben, weil er jetzt nach seinem Gewehr griff – und schoss.

Wie immer man die Szene aus einem Dick-und-Doof-Film deuten mag: Oliver Hardys Gebrüll, als er feststellte, dass dieser Zeh sein Zeh war, veränderte die Stimmung des einen der beiden Autoren. Wie genau das vonstatten ging, kann er nicht richtig erklären, vielleicht hat es auch einfach nur damit zu tun, dass er schließlich zurück ins Bett ging – mit zwei eigenen, unbeschädigten Zehen.

Ach, wenn es nur immer so einfach wäre. Wie oft bringt das gar nichts, eine lustige Filmszene. Manchmal sogar im Gegenteil, ja, ja, Dick und Doof, die fehlen mir jetzt gerade noch. Wie oft hat man den Eindruck, nichts bringt was, gar nichts. Die Gewitterwolken haben einen erfasst, und man hat keine Kraft, sie wegzuschieben.

Und wer so eine Geschichte wie oben erzählt, läuft Gefahr, missverstanden zu werden. Als gäbe es für die Heiterkeit ein Rezept samt Beipackzettel, mit Indikationen und Dosierungsangaben, morgens dreimal, abends dreimal. Oliver Hardy und sein Zeh sind nicht die Lösung, sondern Teil des Rätsels: Was vertreibt die Wolken?

Die Sehnsucht danach ist stark. Eine riesige Pharmaindustrie hat ein Milliardengeschäft daraus gemacht: Glückspillen, Stimmungsaufheller. Eine Drogenmafia kassiert weltweit an dieser Sehnsucht. Wir wollen diesen großen Komplex hier nur abschließend beurteilen, sozusagen mit dem Fazit. Abgesehen von der Bekämpfung echter Krankheiten, wo die Wirkung von Medikamenten selbstverständlich sinnvoll ist, lässt sich sagen: Es funktioniert nicht. Letztlich ist es immer ein Irrweg. Am Ende steht der Mensch immer schlecht da: düsterer, ängstlicher, hoffnungsloser.

Die Sache mit der Heiterkeit ist viel trickreicher. Wir versuchen in diesem Buch ein paar dieser Tricks zu identifizieren. Und damit eine Art Manifest zu formulieren: Es gibt eine Welt, in der Gewitterwolken am Himmel stehen. Aber es gibt eben auch die andere Welt. Manchmal nicht so leicht zu sehen, gelegentlich auch unerreichbar – aber genauso real.

Erinnern Sie sich an unseren Mann des Wochenendes aus dem dritten Kapitel? An seine Probleme beim Verladen eines Sofas mitten im Stadtverkehr? Es ist nicht die Schadenfreude, die uns gute Laune macht, wenn wir ihm zusehen. Der Mann ist in diesem Moment, in dem das zu breite Sofa keinen Zentimeter mehr weiter in den Wagen zu bewegen ist, ein Prototyp. Ein Prototyp für jeden von uns. Verstrickt und verwickelt in eine Situation, die für einen Menschen alleine zu viel ist. Genau das macht er sichtbar. Genau das erheitert uns und tröstet uns.

Wir bleiben beim Prototyp. Und stellen uns die nächste Aufgabe vor, die auf diesen Mann wartet: die

Entfernung eines eitrigen Weisheitszahnes hinten links. Allein die Vorstellung, ihn auf dem Stuhl des Wartezimmers zu wissen, macht es uns leichter, wenn wir das nächste Mal dort Platz nehmen müssen.

Erinnern Sie sich an den Mann aus Kapitel 11, der immer von einem Internetbrowser geträumt hat? Und zwar in Form eines wilden Ungeheuers mit Schwanz und Zähnen? Wir haben ihn als Manager beschrieben, der im Grunde inmitten der digitalen Revolution vor lauter unlösbaren Problemen steht und deshalb großen Komödienstoff liefert. Wir glauben fest daran, dass es auch ihm hilft, sich dessen selbst zu vergewissern und sich darüber im Klaren zu sein, dass auch er ein Prototyp ist, verstrickt und verwickelt in den digitalen Netzen. Also nicht allein.

Wir entwickeln somit das Prinzip der Nebendarsteller noch um eine Drehung weiter. Der Blick auf sie erleichtert uns nicht nur für einen Moment, eine spezielle Situation. Sie taugen auch als dauerhafte Gefährten in unserer Vorstellung. Es ist gut, dass sie irgendwo da draußen sind.

Gefährten der Vorstellung. Gehirnforscher wissen längst, dass das Gedächtnis kein Organ ist, also sozusagen kein objektives Ding, sondern vielmehr unsere eigene Interpretation von Erfahrungen und Informationen. Das Gedächtnis ist eine Konstruktion, die wir täglich beeinflussen können, mit der wir arbeiten müssen.

Für unser Thema heißt das, wir können unser Gedächtnis benutzen, um ein Archiv anzulegen, einen sehr eigenen Speicher. Die Empfehlung heißt: Alles, was mal gute Laune gemacht hat, weitergeholfen hat in einer schwierigen Situation, zur Gelassenheit beigetragen hat, zur Ruhe, alles, was einem Tränen in die Augen getrieben hat, und zwar vor Lachen – all das aufheben und in eine Art inneres Fotoalbum einkleben. Und immer wieder darin blättern, die Gefühle zurückholen, Neues hinzufügen, neue Alben anlegen.

Große und kleine Tricks. Der Humor angesichts des Schmerzes, der ein Fundament der jüdischen Kultur ist. Das finnische Containerschiff, das den schlechten Schüler gerettet hat. Die Kunst, Stinktiere loszuwerden, den Helden der Heiterkeit ein Denkmal zu setzen und die Todfeinde zu brandmarken …

In diesem Kapitel geht es um die Kraft, neue Zusammenhänge herzustellen, überraschende, das Übliche, das Gehabte, das Langweilige vermeidend. Die Freiheit, dies zu tun, kann man gar nicht groß genug preisen. Sie ist das Gegengift für das Bleierne, Düstere.

Wir zitieren den weltberühmten Psychotherapeuten Paul Watzlawick: »Ich behaupte, wenn es Menschen gäbe, die wirklich zu der Einsicht durchbrächen, dass sie die Konstrukteure ihrer eigenen Wirklichkeit sind, würden sich diese Menschen durch drei besondere Eigenschaften auszeichnen. Sie wären erstens frei, denn wer weiß, dass er sich seine eigene Wirklichkeit schafft, kann sie jederzeit auch anders schaffen. Zweitens wäre dieser Mensch in tiefstem ethischen Sinn verantwortlich, denn wer tatsächlich begriffen hat, dass er der Konstrukteur seiner eigenen Wirklichkeit ist, dem steht das bequeme Ausweichen in Sachzwänge und in die Schuld der anderen nicht mehr offen. Und drittens wäre ein solcher Mensch im tiefsten Sinne konziliant. Natürlich gibt es solche Menschen sehr, sehr selten. Aber wir alle erleben gelegentlich kurze Momente, die irgendwie eine ganz besondere Bedeutung für uns haben können. Das Gesicht einer Katze. Oder die erste dünne Mondsichel am Abendhimmel. Oder ein Klavierkonzert. Ich glaube, das sind Wahrnehmungen oder Erlebnisse, in die wir nichts hineinlesen können, denn sie sprechen für sich. Wir sind plötzlich mit einer anderen Wirklichkeit als unseren Zuschreibungen von Wirklichkeit konfrontiert. Und dann stellen Sie sich die Wirkung vor, die das folgende Gedicht des Dichters Mombert zum Beispiel auf einen Lebensmüden haben kann:

›'s ist ein ewiger Gesang von Vögeln in den
  Urwäldern.
Stirb fünfmal und erwache wieder: sie
singen noch immer.
Drum ist das Sterben nicht der Mühe wert
Und führt dich nicht zu dem, wonach du suchst.

Ich binde mich an eines Berges sinnenden Gipfel.
zwischen silberne Gestirne.
Wenn Müdigkeit mich überfallen sollte.
will ich doch in der Höhe sein.‹«

18. Kapitel

Trost von einem Unbeugsamen:

Der Dandy und seine Frauen

Es gibt viele Möglichkeiten, sehr ernst und sehr tief über die Probleme des Zusammenwachsens des ehemals geteilten Deutschlands zu diskutieren. Die wirtschaftlichen Sorgen des Ostens, die Schatten des Ministeriums für Staatssicherheit, die selbstverliebte Arroganz des Westens – alles hochkomplexe Themenfelder, die allesamt die Gefahr bergen, dass am Ende nur noch übrig bleibt: super kompliziert, super frustrierend.

Oder man trifft sich mit Max Kollmann. Ein Mann aus dem Osten, ein Ossi also. Einer der beiden Autoren hatte das Glück, bei einer Geburtstagsfeier von Kollmann dabei sein zu dürfen. Kollmann wurde sechzig. Das kleine Fest lief schon ein paar Stunden, da nahm er den Autor auf einen kleinen Rundgang mit, von Tisch zu Tisch. Besser eigentlich: von Frau zu Frau. Denn Kollmann stellte sie ihm alle vor, die Frauen seines Lebens, oder wenigstens einige davon. Das Wichtigste vielleicht vorweg: Seine Frauen waren gekommen, in bester Laune. Sie waren alle einmal verliebt gewesen in Max Kollmann und sie hatten das nicht vergessen.

Da war zum Beispiel die erste Ehefrau. Kollmann stellt sie vor, und man sieht, dass sie früher sicher sehr hübsch war. Sie lacht ihn an, und sagt ja, ja, mein Max. Kollmann erzählt, dass sie in ihrer Ehe eines Tages einen Schweden kennenlernte und sich in den verliebte. Der Schwede sagte, geh mit nach Schweden, verlass die DDR mit mir. Und sie erzählte damals alles Kollmann, und Kollmann reagierte auf eine ungewöhnliche Art. Komm, geh nach Schweden, das ist deine große Chance. Wenn wir ehrlich sind, sagte er, sind wir auch nicht mehr so toll zusammen wie am Anfang. So ging sie nach Schweden, heiratete den Schweden und wurde ziemlich glücklich, sagt Kollmann. Und sie blieben immer in gutem Kontakt und er freute sich sehr, dass sie zu seinem Geburtstag extra angereist war.

So gingen die Erzählungen weiter, hinten links saß eine langjährige Freundin, vorne rechts seine Ehefrau, von der er aber schon seit langem getrennt lebte, und gleich neben ihm seine aktuelle Lebensgefährtin. Ob sich alle Frauen auch untereinander so prima verstanden, war nicht auszumachen, fest stand aber: Kollmann hatte sich mit all diesen Frauen etwas bewahrt, da war einmal etwas Großes und Schönes gewesen zwischen beiden, und diese Zeit haben sie gewissermaßen eingezäunt. Dies hatte eine enorme Ausstrahlung an diesem Abend: Wir haben das Leben im Griff, nicht das Leben uns.

Und das war nicht nur an diesem Abend so: Einer der beiden Autoren lebte ein paar Jahre mit Kollmann im selben Haus. Und man konnte sich von ihm sehr gut und genau erzählen lassen, wie der Alltag in der DDR so lief. Er kannte die problematischen, harten Seiten des DDR-Lebens, aber er konnte auch immer die Kamera auf Großaufnahme stellen, und dann traten die äußeren Lebensumstände in den Hintergrund und übrig blieb die sehr genaue Aufnahme der einzelnen Menschen, wie sie liebten, wie sie scheiterten, wie sie lachten. Das Leben ist immer größer als die Politik. Ist aber auch größer als der Arbeitsplatz. Größer als das vereinte Deutschland. Größer als die DDR und die BRD. Und größer als die Sorge um die eigene Rente. Das war die Botschaft seiner erzählerischen Großaufnahmen. Man konnte wunderbar mit Kollmann durch Berlin spazieren gehen. Einfach nur so. Und er blieb ab und zu vor einem Haus stehen. Kollmann wusste, wer da gelebt hatte und vor allem wie.

Die Leichtigkeit des Seins. Gerade im Bewusstsein, dass das Schwere immer droht. Der freundliche Max Kollmann lebte genau das vor. Er heißt übrigens im wirklichen Leben nicht Max Kollmann. Es ist nämlich so: Nicht jede Frau, mit der er zu tun hat, weiß, wie viele andere Frauen er sonst noch kennt. Da ist der andere Name schon aus Taktgründen gerechtfertigt. Max Kollmann ist ja auch noch nicht einmal siebzig Jahre alt.

19. Kapitel

Das falsche Lachen – und wie man es abwehrt, bei anderen und bei sich selbst

Es hat lange gedauert, bis er diesem Hausbesuch zugestimmt hat. Er öffnet die Tür im fünften Stock seiner Berliner Wohnung und sagt als Erstes, es gehe ihm nicht besonders gut. Rückenschmerzen. Eine Erkältung. Der Kreislauf. Er geht langsam am Stock durch seine Wohnung und nimmt vorsichtig Platz auf seiner Couch. Natürlich sitze ich auf der Couch, sagt er. Wo sonst? Dieses Bild hat sich in das deutsche Bewusstsein eingebrannt: Dieser Mann auf der Couch. Von dort aus hat er in Tausenden von Sendeminuten das deutsche Volk zum Humor erzogen. Dieser Mann, den die meisten Menschen nur mit einem einzigen Namen kennen: Loriot.

Für einen kurzen Moment könnte man denken, er ist doch ein bisschen alt geworden, der 85-Jährige. Doch dann erzählt er eine Geschichte. Es war vor ein paar Tagen, er war noch in seinem Haus in Starnberg bei München und konnte nachts nicht schlafen. Er stand auf und machte den Fernseher an, und dort lief gerade eine Dokumentation, eine sehr genaue Dokumentation über einen Flugzeugabsturz. Es wurde gezeigt und erklärt, wie ein Bolzen im Fahrwerk riss und wie das Flugzeug in der Luft zu taumeln begann. Und man sah sehr anschaulich, sagt Loriot, wie die Maschine in einem Wohngebiet abstürzte. Ein Flammeninferno. Alles war tot. Loriot sagt, er ging dann wieder ins Bett. In ein paar Stunden kam schon das Taxi. Er musste zum Flughafen. Das Flugzeug nach Berlin wartete.

So einfach und wunderbar funktioniert der Humor von Loriot. Ein Mann sieht im Fernsehen einen Flugzeugabsturz und muss dann selbst in ein Flugzeug steigen. Dieser Zwischenraum ist es, über den man lachen muss, irgendwo zwischen Ernst und Witz. Loriot ist ein Meister im Schaffen solcher Zwischenräume. Für diese Fähigkeit lieben ihn die Deutschen.

Und er erzählt an diesem Berliner Nachmittag gleich eine zweite Geschichte, und es wird endgültig klar, wie alles andere als alt dieser Mann ist. Die Szene spielt wieder auf dem Flughafen, ist wieder nur ein paar Wochen her. Ankunft in Berlin. Seine Frau kümmert sich um das Gepäck. Er setzt sich auf eine Bank und wartet. Plötzlich kommt eine junge Frau auf ihn zu, mit einem weinenden Säugling auf dem Arm. »Entschuldigung«, sagt die Frau und setzt ihm das Baby auf den Schoß, »können Sie bitte auf ihn aufpassen?« Dann verschwindet die Frau. Loriot schildert diesen Moment. Er mit dem schreienden Kind und der verschwundenen Frau. Eine unglaubliche Szene, sagt er. Weiter sagt er nichts. Wieder entsteht Platz für Zwischenräume. Einer der beiden Autoren sitzt gegenüber auf dem Sofa und fragt: »Und, wie ging die Geschichte weiter? Mit dem Säugling?« Loriot macht eine kurze Pause und antwortet: »Wir haben ihn behalten.«

Man könnte nun gewissermaßen in Freude versinken angesichts dieses Mannes auf dem Sofa. Einer Geschichte nach der anderen zuhören und dabei zuschauen, wie er sich die Unbillen des Alters sozusagen wegerzählt. Wir möchten aber auf einen ganz besonderen Aspekt hinweisen. Da sitzt keiner, der nur noch in seinen alten Geschichten kramt, der wiederholt und wiederholt, da sitzt keiner, der ausschließlich im Museum seines Lebens lebt. Die Ausstrahlung des 85-jährigen Loriot, mit richtigem Namen Vicco von Bülow: Er verfügt über ein sehr eigenes Chirurgenbesteck, mit dem er seinen sehr persönlichen Kampf für die Heiterkeit führt. Loriot sagt, er habe sein ganzes Leben darüber nachgedacht, wie Humor und Witz funktionieren. Er meinte das professionell, also bezogen auf seine Zeichnungen, seine Sketche, seine Filme, seine Figuren. Wie muss man es anstellen, damit die Leute lachen? Hier das Private, da der Beruf – diese Trennung scheint sich bei ihm aufgelöst zu haben. Das ist die Weisheit des großen Loriot: Er hat begriffen, dass dieser Ausweg existiert, dieser Umweg, auf dem man das Ernste, das Schwere links lassen kann. Der Blick ist es, auf den es ankommt. Immer und immer wieder, in jeder erdenklichen Situation. Loriot, ein Chirurg der Heiterkeit. Er erzählt von seinem Vater, »vielleicht der witzigste Mensch, den ich in meinem Leben kennengelernt habe«. Vom letzten Tag des Vaters, schwer krebskrank, auf dem Sterbebett. Loriot saß bei ihm und er wollte irgendetwas reden und fing an mit den Worten: »Ich kann mir nicht vorstellen …« Da sagte sein Vater in reinstem Berlinerisch: »Du brauchst dir nich' vorstellen, ick kenn dir ja.« Unglaublich, sagt Loriot, jetzt Jahrzehnte später. Diese Leistung, mit diesem hübschen Sprachwitz gegen die Wirklichkeit zu kämpfen. Er bewundere das sehr, bis zum heutigen Tag.

Wir haben zahlreiche Todfeinde der Heiterkeit in diesem Buch bereits beschrieben. Die notorischen Besserwisser. Die ewigen Jammerer. Die gelangweilten Gäste. Die Meister der schlechten Laune. Die Stinktiere. All diese Feinde hatten eines gemeinsam: Sie haben nichts mit uns selbst zu tun, sie stecken irgendwo da draußen und treiben ihr Unwesen. Jetzt wenden wir den Blick für einen Moment nach innen, um uns klarzumachen, jeder muss aufpassen, dass sich da drin nicht plötzlich etwas festsetzt, ein spezielles Virus. Wir nennen ihn mal das Virus des falschen Lachens.

Die Schriftstellerin und Regisseurin Doris Dörrie hat in ihrem Film »Nackt« ein hübsches Beispiel für dieses Virus gefunden. Ein junges Liebespaar hat sich ein Ritual zugelegt. Jeden Sonntagmorgen schauen sie zusammen, noch im Bett liegend, im Fernsehen »Die Sendung mit der Maus«. Und sie amüsieren sich dabei, manchmal grenzenlos. Und schon freuen sich die beiden auf den nächsten Sonntagmorgen. Wehe, jemand wagt es, ihnen dieses Ritual zu verderben, etwa durch eine Einladung zu einem Sonntagsbrunch. Einige Monate funktionierte dieser leichte Spaß, Sonntag für Sonntag. Und keiner von beiden wollte es sich eingestehen, dass die Wirkung der Maus allmählich nachlässt, dass es fast ein wenig nervig wurde, dieses auf Kommando lustig sein zu wollen, wenn die Sendung beginnt. In dem Film »Nackt« werden Beziehungsprobleme verschiedener Paare seziert, und so kommt es auch bei dem Paar mit dem Sonntagsritual zu einem heftigen Streit, zu einer grundsätzlichen gegenseitigen Abrechnung. Und mittendrin sagt die Frau, wie sehr sie diese einst so geliebten Sonntage inzwischen quälen. Und der Mann stimmt ihr zu. Ja, ihm gehe es ähnlich. Und beide schauen sich an und fragen: Um Himmels willen, warum haben wir es dann trotzdem getan, warum haben wir nichts geändert?

Man kann es sich nicht genug vor Augen führen: Die Heiterkeit ist ein vergängliches Gut, sie verändert sich, sie ist lebendig. Was gestern galt, muss nicht morgen gelten. Doris Dörrie hat womöglich nicht zufällig ein Liebespaar gewählt, denn wenigstens auf diesem Feld haben Liebe und Heiterkeit Ähnlichkeiten. Wer kann schon genau erklären, wie auf Dauer Liebe anhält? Warum sie auf einmal verschwunden ist? Warum sie sich so schwer ausrechnen lässt? Rätsel Liebe. Rätsel Heiterkeit. Gerade weil diese Rätsel kaum zu lösen sind, behalten sie ihren Reiz.

Viele Wissenschaftler haben sich auf das Phänomen Heiterkeit gestürzt, Psychologen wie Gehirnforscher, mit hochinteressanten Gedanken und Ergebnissen. In diesem Buch ist genau davon die Rede. Doch immer wenn die Fachleute versuchen, Formeln aufzustellen, Leitfäden und Anleitungen, geraten sie ins Trudeln. Da war zum Beispiel dieser hochsympathische Versuch, für immer nachzuweisen, dass fröhliche, heitere Menschen gesünder und liebesfähiger sind als trockene, traurige Leute. Zwei Gruppen wurden zusammengestellt, uns ist nicht bekannt, dass man den Teilnehmern genau Auskunft darüber gab, warum sie zu den eher frustigen Menschen gezählt werden oder eben zu den lustigen. Doch kaum hatte die Studie begonnen, bekam ein Fröhlicher einen Herzinfarkt, und bei den Traurigen verliebten sich zwei ineinander. Der eigentlich langfristig geplante Versuch wurde rasch abgeblasen. In diesem Zusammenhang möchten wir auch die Frage stellen, ob die verschiedenen Lachgruppen, die sich in diesem Land formiert haben, aus eher besonders heiteren oder vielleicht sogar aus extra trüben Menschen bestehen. Man trifft sich an einem Flussufer, lernt atmen und lachen. Woody Allen hat mal gesagt, er habe es gerade eilig, er müsse zu seiner Onaniergruppe, sonst fangen die ohne mich an. Lässt sich hübsch auf die Lachtruppe übertragen.

Wie auch immer, es lässt sich festhalten: Wenn einer ausdrücklich einen Witz erzählt, muss er es ankündigen, sonst funktioniert es nicht. Beispiel: Kommt ein Pferd in den Bäckerladen. Sagt der Bäcker, es gibt heute nur Schwarzbrot. Egal, sagt das Pferd, ich bin eh mit dem Fahrrad da. Ein Nonsenswitz, dessen Niveau wir nicht zur Diskussion stellen. Sicher ist nur, man muss vorher sagen: Ich habe einen Witz. Das Gehirn muss sich einstellen, sozusagen einen Schalter betätigen. Es ist eine eigene Geisteshaltung. Sie ist grundsätzlich immer da, der Schalter auch.

Das falsche Lachen hat mit Versteinerung zu tun, mit Unbeweglichkeit, das falsche Lachen ist unspontan, basiert oft nur noch auf Zitaten. Wenigstens einer der beiden Autoren kennt Abende, an denen er das falsche Lachen bei sich selbst erkennt. Wenn man nachts beim Einschlafen sich immer noch reden hört, wie man Anekdoten erzählte, die ins Leere führten, die nicht in eine Stimmung passten, sondern die man nur erzählte, weil früher mal drüber gelacht wurde. Am Ende bleibt ein schaler Egotrip. Es geschieht nichts durch Diskussion, durch gegenseitiges Erzählen. An solchen Abenden spürt man die Gefahr vom Virus des falschen Lachens. Der Liedermacher Konstantin Wecker hat mal die Liedzeile formuliert: »Ich lache mir jedes Mal mehr ein steinernes Herz.«

Der Regisseur Sydney Pollack und der Schauspieler Robert Redford waren jahrzehntelang Freunde.

Sie haben mehrere wunderbare Filme zusammen gemacht. In einer Dokumentation erzählen die beiden von dieser Freundschaft. Von ihren Träumen, von ihren Anfängen, von ihren gemeinsamen Plänen. Die beiden werden getrennt voneinander interviewt, und gerade deshalb ist es beeindruckend, dass sie sehr ähnliche Sachen sagen. Dass das Einzigartige ihrer Freundschaft war, wie sehr sie immer lachen konnten, vor allem über sich selbst, mal spöttisch, mal der eine über den anderen, mal beide über einen Dritten. »Wir haben uns beide nie so schrecklich ernst genommen. Das war unser Geheimnis«, sagt Robert Redford. »Mein Gott, haben wir lachen können«, sagt Sydney Pollack. Und dann sagen beide noch etwas, fast wortgleich: wie sie diese Heiterkeit dann doch irgendwann verloren haben. Redford sagt, vielleicht lag es dann doch an den großen Erfolgen, an dem Rummel, »ich glaube Erfolge sind nicht gut für das gemeinsame Lachen. Ich glaube, Erfolge bergen immer die Gefahr, dass man sich zu wichtig nimmt. Und wer das tut, hat schon verloren. Meine Beobachtung: Je wichtiger einer sich fühlt, desto weniger lacht er.« Pollack sagt, schade ist das, »denn wenn ich an Robert und mich denke, fällt mir immer unser Lachen ein. Ach, vielleicht sollten wir es einfach mal wieder versuchen.« Dazu kam es wohl nicht mehr, wenige Wochen nach Ausstrahlung dieser Dokumentation starb Sydney Pollack.

Die Ehrfurcht vor der Heiterkeit. Die Sorge, sie zu verlieren. Und nicht »Das Humorbrevier für Führungskräfte – wie garantiert jede Rede auf lustige Weise ein Erfolg wird«. Feindbilder gibt es genügend. Zum Beispiel den, der wie Familienfotos in der Brieftasche über ein paar Anekdoten und Scherze verfügt, schon ziemlich vergilbt. Nichts als Zitate, kein eigenes Erleben mehr, Wenn man solche Leute zum ersten Mal trifft, ist es schon zäh, aber es geht noch. Aber wehe, man begegnet ihnen häufiger. Und man merkt, wie sie ihr Repertoire immer gleich abspulen.

Aber wir wollten nicht auf andere zeigen. Wir sollten nur alles dransetzen, für uns selbst dieses Schicksal zu vermeiden.

20. Kapitel

Todfeinde der Heiterkeit

Kunsterzieher

Erste Episode:
Zweite Klasse, Grundsschule, die Schüler sollen Himmel malen, mit Wolken, mit Sonne, wie sie mögen. Einer der Schüler malt ziemlich freudig einen Himmel, sehr phantasievoll, einen glutroten Himmel und gelbe Wolken. Er ist stolz auf sein Bild, auch seine Eltern finden es super. Die Zeichenlehrerin nicht. Sie gibt ihm die Note 6, schlechter geht es nicht. Die Mutter des Schülers beschwert sich über diese ungeheure Dreistigkeit, versucht aber nichts falsch zu machen und fragt nur sehr vorsichtig, ob es denn nicht ein bisschen unsensibel sei, die Phantasie ihres Sohnes derart zu bestrafen.

Daraufhin antwortete die Kunstlehrerin: Es gibt keinen roten Himmel und keine gelben Wolken. Und dafür kann es nichts anderes als eine 6 geben.

Zweite Episode:
Ein leeres Klassenzimmer am Nachmittag. Es sitzen sich gegenüber: eine Kunstlehrerin, am großen

Pult auf einem großen Stuhl – und ein Vater, direkt vor dem Pult, auf einem kleinen Kinderstuhl. Die Lehrerin hat den Vater zu einem Krisengespräch einbestellt. Sie erklärt ihm jetzt, dass seine Tochter Lisa schon zum zweiten Mal mitten in der Stunde den Finger gehoben hätte – aber dann, anstatt eine Frage zu beantworten, die Meinung geäußert habe, der Unterricht sei so langweilig. Das gehe natürlich nicht, sagt die Lehrerin mit strengem Mund, er, der Vater solle bitte dafür sorgen, dass die Achtjährige das in Zukunft unterlasse. Den Verdacht, das Kind könnte recht haben, äußert der Vater natürlich nicht. Aber er fragt, ob seine Tochter denn Vorschläge gemacht hätte, ob man sich die nicht wenigstens anhören könnte? Aber da hat die Lehrerin plötzlich ihren Blick in die Ferne gerichtet, fast weich wird ihr Gesicht, voller Sehnsucht könnte man sagen. »Wissen Sie«, sagt sie schließlich, »all diese Probleme hätten wir gar nicht, und wir beide müssten gar nicht hier sitzen, es wäre ja alles so einfach …« Und nach einer Pause fährt sie fort: »Die Kinder können wegen Kunst ja nicht durchfallen … Und genau das müsste man ändern. Das wäre mein Traum. Wenn ich damit drohen könnte, wäre alles anders, alles …«

21. Kapitel

Der dümmste Fernsehmechaniker der Republik oder unser letzter Versuch einer Anwendung

Gegen Ende dieses Buches möchten wir noch einmal auf einen Hund zu sprechen kommen. Einer der beiden Autoren hat ihn aus dem Tierheim geholt, als Welpen. Klein und süß war er, sehr süß, und große Pfoten hatte er, derart große, dass man hätte ahnen können, er wird wohl mal ein Großer werden. Und so kam es: Er wuchs und wuchs und wuchs, und wenn man dachte, es geht nicht mehr, wuchs er noch ein bisschen weiter und dann noch ein bisschen. Schließlich war er ein erschreckend riesiger Kerl, mehr als ein Meter groß vom Boden weg, rund 90 Kilo schwer. Charlie hieß er, nach dem Schlagzeuger der Rolling Stones, Charlie Watts.

Es schien nun bald so, dass mit diesem Hund grundsätzlich etwas nicht stimmte. Alles deutete darauf hin: Charlie war für sein Wesen, seinen Charakter einfach viel zu groß. Wenn er bekannte oder auch fremde Leute sah, stürzte er begeistert auf sie zu, um sie zu begrüßen, sprang an ihnen hoch, er tat all das, was bei einem kleinen Hund putzig und süß ist. Aber bei ihm, nun ja, sagen wir es so: Die Reaktionen fielen höchst unterschiedlich aus. Unvergessen ist beispielsweise eine Begegnung mit einer hübsch herausgeputzten Hochzeitsgesellschaft vor einer kleinen Kirche. Es hatte die Tage zuvor stark geregnet, so dass der Hund nach seinem Waldspaziergang tief in Schlamm getaucht war, als er sofort die gute Stimmung der Hochzeitsgäste erkannte und mitmachen wollte, springend, schleckend, Pfoten gebend. Der eine der beiden Autoren, der irgendwann doch zugab, der Hund gehöre ihm, schwört, niemals wieder einer derart aggressiven Gruppe begegnet zu sein.

Unvergessen ist ebenso, wie sich Charlie in den Wohnzimmern seines Lebens benahm. Er schaute sehr ernst den Menschen zu, wie sie sich hinsetzten, auf Sessel, auf die Couch, und zwar wie allgemein üblich auf den Hintern. Also versuchte er das ebenfalls, sehr, sehr lustig, dies anzuschauen. Wir wollen jetzt in diesem Moment der Erinnerung nur diesen Aspekt der Heiterkeit betonen und die Folgen seines Handelns beiseite lassen. Vielleicht nur noch so viel: Charlie akzeptierte niemals, dass er über einen gewaltigen, sehr buschigen Schwanz verfügte. Die unzähligen Gläser und Gefäße, die er von den Tischen seines Lebens wegwischte, brachte er niemals mit sich in Verbindung. Er hatte ja ein ganz anderes Bild von sich.

Der Hund, Typ Riesenbernhardiner, der beschlossen hatte, klein zu sein. Der große Charlie fiel uns wieder anlässlich eines Schlüsselsatzes des Soziologen Helmuth Plessner ein. Plessner, geboren 1892, gestorben 1985, hat ein vielschichtiges Werk hinterlassen, eines seiner Hauptthemen war »die paradoxe Grundverfassung« des Menschen. Hier ist die Seele, da ist der Leib und mittendrin jeder Mensch, der mit diesem Gegensatz klarkommen muss. Soweit der Soziologe, grob vereinfacht. Und zu diesem komplizierten Themenfeld schrieb Plessner eben diesen Satz: »Jeder Mensch wird in seinem Leben irgendwann zwangsläufig zu seiner eigenen Karikatur.«

Im Grunde also logisch und zwangsläufig, dass uns diese Worte Plessners zu unserem Hund Charlie führten. Und dann noch etwas weiter, zu einer Art Soziologie des Fehlers. Es gehört zu den stets wiederholten Weisheiten sogenannter Eliten dieser Tage: Fehler seien nichts Schlimmes, man dürfe sie nur nicht zweimal machen. Man müsse aus den Fehlern lernen. Fehler seien dann wichtig und richtig, wenn sie einen anleiten, immer besser, immer perfekter zu werden.

Was für ein Irrtum, was für ein Irrweg. Helmuth Plessner hat mit seinem Satz sehr deutlich gemacht, dass der Mensch grundsätzlich eine gewisse Widersprüchlichkeit seiner selbst anerkennen muss. Wer so tut, als müsse man Fehler nur so lange umprogrammieren, bis sie gelöscht sind, täuscht sich auf ganzer Linie. Das Streben nach Fehlerlosigkeit, sowohl beim Aussehen als auch in der Lebensführung, ist eine traurige Sackgasse, die hier gar nicht näher beschrieben werden muss. Was uns viel wichtiger erscheint, ist das gewaltige Potenzial, das Fehler in sich tragen, die Philosophie des Fehlers, das Fehlerprinzip sozusagen. Wenn man ohnehin irgendwann zur Karikatur wird, dann bitte mit vollem Bewusstsein. Fehler haben etwas zu tun mit Charme, mit Heiterkeit, mit Augenzwinkern, mit Verwandlung, mit Umschalten, mit der Botschaft: Auch wenn dieses kleine Loch an der Bodenlatte des Bootes etwas unangenehm ist, wir sitzen dennoch gerne zusammen da drin, und irgendwie kriegen wir es schon gestopft, bis dann das nächste Problem auftaucht. Fehler spannen ein Netz, das unser Leben nicht nur erträglich macht. Das Fehlerprinzip macht das Leben heiter.

Der amerikanische Filmregisseur Billy Wilder hatte bei seinen Dreharbeiten eine Menge Ärger mit Marilyn Monroe. Sie kam immer zu spät, konnte den Text nicht, war undiszipliniert, zickig. Jeder am Filmset war genervt. Einmal fragte ein Aufnahmeleiter den Regisseur, wie lange er sich das alles noch bieten lassen möchte, wann ihm endlich der Kragen platze und er Marilyn Monroe rausschmeiße. Daraufhin antwortete Wilder, er habe eine Tante in Iowa, eine wunderbare Frau, unglaublich zuverlässig, könne perfekt Gedichte lernen, sie würde jeden Morgen Brote und frischen Kaffee mitbringen und alle würden sie lieben am Filmset. Nur, sagte Wilder, eine kleine Frage bleibe: Möchten die Zuschauer meine Tante wirklich im Kino sehen?

Wir möchten jetzt unsere Leserinnen und Leser zu einem kleinen Versuch auffordern. Sammeln Sie doch mal Geschichten aus Ihrem Umfeld, aus Ihrer Vergangenheit, von Freunden, Kollegen und Bekannten, Geschichten, in denen Fehler passierten, Geschichten, die davon erzählen, dass was schiefläuft. Versuchen Sie mal mit ausschließlich solchen Geschichten einen eigenen Kosmos aufzubauen. Eins ist schon mal ganz sicher: Es wird eine Menge da drin los sein.

Wir, die beiden Autoren, tun das jetzt auch, und erinnern als Erstes an einen Fernsehmechaniker, der von unserem Vater gerufen wurde, als wir in unser neues Haus einzogen. Die Aufgabe schien einfach zu sein, denn in diesem Haus wohnten vorher auch schon Menschen und auch sie hatten einen Fernseher. Die Wände waren tapeziert und frisch geweißelt und unser Vater – er erzählte es oft – ging mit diesem Mechaniker durch die Räume. Wo bitte ist der Anschluss für den Fernseher, wo sind die Kabel zur Antenne? Der Mann zog irgendwann dann ein langes Messer hervor, und begann zum Staunen des Vaters eine Tapetenwand nach der anderen aufzuschlitzen, um dann zu sagen: »Hab ich mir gleich gedacht.« Als der Vater fragte, was er sich denn gedacht habe, antwortete er: »Na ja, dass es da nicht ist, das Kabel.« So verstrich die Zeit, eine Wand nach der anderen musste daran glauben, und es gab noch etwas, was der Mann, Fernsehmechaniker von Beruf, dauernd vor sich hin redete: »O Gott, da habe ich mich auf etwas eingelassen.« Es gab einige Fernsehmechaniker in unserem Leben, alle sind vergessen. Aber dieser eine nicht, nie. Denn er kam insgesamt drei Mal, jedes Mal hatte er noch schlechtere Laune und jedes Mal richtete er mit seinem langen Messer noch größere Schäden an. Bis dann unser Vater bemerkte, da läuft doch an der Außenmauer ein Kabel. Könnte es das sein? Ja, das war's.

Der Fernsehmechaniker hatte einen kleinen Laden mit Fernsehern. Immer musste man schmunzeln, wenn man daran vorbeifuhr. Und gar nicht so selten, in allen möglichen Augenblicken, wo man selbst etwas Unerfreuliches tun muss, fällt einem seine schlechte Laune ein: »O Gott, da habe ich mich auf etwas eingelassen.«

Zu unserem Kosmos gehört auch Frank Schirrmacher, der Herausgeber der Frankfurter Allgemeinen Zeitung, allein schon von Amts wegen keiner, dem die Heiterkeit in die Wiege gelegt ist. In dem Buch »Lexikon der prominenten Peinlichkeiten« von Beatrix Schnippenkoetter ist eine Episode dokumentiert, schon ein paar Jahre her, da war er noch Literaturchef. Er wurde zu einer Tagung französischer und europäischer Intellektueller eingeladen. Der kluge, kühle Pierre Bourdieu hatte gerufen. Schirrmacher berichtet nun, er habe sich von Anfang an etwas unwohl gefühlt. Die französische Sprache, der französische Hochmut, die ein wenig verklemmte Atmosphäre. Zumindest Schirrmacher kam sie so vor. Es ließ ihn die Ahnung nicht los, dass sein Stern in diesen Gesprächen eher unter- als aufgehe. Und dann kam das Mittagessen. Schirrmacher hatte nicht mitbekommen, dass alle anderen Teilnehmer des intellektuellen Zirkels beschlossen, nur eine Kleinigkeit zu sich zu nehmen, einen Salat oder so. Schirrmacher bestellte das mehrgängige Menü, im Glauben, dies täten alle anderen auch. Alle anderen hatten ihren Salat rasch verzehrt, wollten schnell zurück in die Tagung und mussten jetzt auf den verfressenen Deutschen warten, von Gang zu Gang. Schirrmachers Versuche, das Menu abzukürzen, scheiterten. Schirrmacher versuchte so schnell wie möglich zu essen, begann allmählich auch zu schwitzen. Schließlich erhob sich der große Pierre Bourdieu und sprach ein paar Worte in die Runde, beziehungsweise er wollte dies tun, denn in diesem Moment gingen die Lichter des Restaurants aus und die unvergessliche, traumhafte Eisbombe unter dem Abfackeln Dutzender Wunderkerzen wurde serviert. Der letzte Gang des Frank Schirrmacher.

Der frühere Mercedes-Chef Helmut Werner wollte von den Bewerbern in einem Einstellungsgespräch immer Geschichten von Niederlagen hören. Die Art und Weise, wie diese Leute davon erzählen, sagte er, habe eine enorme Aussagekraft.

Wir kennen eine Frau aus der Mode- und Ausstellungsbranche, die sehr hübsch von ihrem allerersten Job erzählen kann. Sie hatte erst vor ein paar Tagen angefangen zu arbeiten und sollte ein kleines Schaufenster eines Reisebüros dekorieren. Sie entwarf also ein dreidimensionales Schiffsmodell, umhüllt von einer silbrigen Folie, blaue und weiße Wellen drum herum, und sie gab Anweisung, dieses Modell herstellen zu lassen, aus Holz und Styropor und was man so braucht. An einem Dienstagmorgen wartete sie vor dem Reisebüro auf die Lieferung. Und dachte sich noch nichts, als die Zufahrtsstraßen von der Polizei abgesperrt wurden, auch noch nichts, als ein blinkender Sondertransporter sich näherte. Doch dann sah sie die silbrige Folie und dann das Schiff, was darunter zu erkennen war. 40 Zentimeter sollten es sein, 40 Meter waren es. Aus Zentimeter waren Meter geworden, ihre Schrift war es wohl, die falsch auf der Modellzeichnung gelesen wurde. Oder was auch immer. Ihr Chef stand jedenfalls neben ihr, als der Spezialtransporter anhielt. Was machen wir jetzt, fragte er.

Wir kennen einen Mann, der neu in einer Zeitungsredaktion angefangen hatte, in der eine sehr gute, aber auch sehr strenge Kollegin arbeitete. Es war die erste Konferenz, und er stellte sich der strengen Kollegin vor. Und der Mann neben ihm flüsterte ihm die Vermutung zu, die Kollegin sei wohl wieder schwanger. Das, leider, merkte sich unser Mann. Als er zwei Wochen später gutgelaunt auf dem langen Flur dieser gefürchteten Frau erstmals wieder begegnete, fragte er, wann denn der Termin sei. Die Frau hatte ihn sofort verstanden und sie antwortete sehr ruhig: »Ich bin nur dick, nicht schwanger.« Und sie ging weiter. Unser Mann blieb zurück und dachte, was er jetzt tun könne, um alles wieder gutzumachen. Es fiel ihm nur eines ein: Nichts könne er tun, gar nichts.

Wir kennen einen jungen Mann, der mal total ausspannen wollte und eine drei Monate lange Reise unternahm, wunderschön in Australien, nur Natur, abseits jeder Zivilisation, keine Nachrichten, kein Internet, nichts. Schon am ersten Tag nach seiner Rückkehr sollte für ihn eine neue berufliche Phase beginnen, und zwar als Radiomoderator. Eine Stunde dauerte die Sendung, und die Redaktion hatte ihm genaue Texte aufgeschrieben, er brauche die nur vorzulesen, hieß es. Nun waren das gerade die schrecklichen Zeiten des Jugoslawienkrieges, von denen er nichts mitbekommen hatte in seinem australischen Flusstal. Eine Hauptfigur war damals der kroatische Präsident Franjo Tudjman. Etwa zweiundzwanzigmal verlas er diesen Namen in seiner Sendung, und er las, was er vor sich sah: T u t i man. Richtig hätte es jedoch geheißen: Tutschman. Es kamen Protestanrufe noch und noch, und der wütende Chefredakteur wollte wissen, welchen Idioten man heute ans Mikrophon gelassen habe. Aus unserem Mann ist später doch noch etwas geworden, allerdings nicht als Radiomoderator.

Der Film- und Theaterregisseur Leander Haußmann hat zu Fehlern und Widrigkeiten jeglicher Art eine sehr eigene Beziehung. Zu DDR-Zeiten war er gewohnt, dass immer irgendetwas nicht funktionierte, entweder regnete es plötzlich ins Theater rein oder statt der geplanten acht Schauspieler standen nur drei zur Verfügung. Haußmann wurde ein Meister der spontanen, kreativen Reaktion auf die jeweiligen Verhältnisse. Als er dann an den großen Häusern der Bundesrepublik inszenierte, bekam er das Versprechen: Alles, was er möchte, werde ihm ermöglicht. Ein Paradies? Nein, für Haußmann eher die Hölle. Er war wie gelähmt. Jeder Wunsch wird erfüllt? Was habe ich denn für Wünsche? Haußmann sagt, die Kreativität war weg.

Es ist schon erstaunlich: Wir erinnern uns an einen Chef, der nach Rom zu einer Preisverleihung flog, um dann in einem leeren Museum herumzuirren, in dem angeblich die Feierstunde stattfinden sollte. Ein Chef, dem normalerweise seine Termine im 15-Minuten-Takt organisiert sind. Und der schließlich feststellte, seine Sekretärin hatte ihn eine Woche zu früh nach Rom geschickt. Wir erinnern uns an einen Freund, der sich für ein Vorstellungsgespräch in letzter Minute das schicke Jackett eines Kollegen anzog. Kaum hatte er den Raum betreten und begonnen seine Visionen zu skizzieren, läutete das Handy in diesem fremden Jackett und hörte auch nicht mehr auf zu läuten. Er ging dran, die Mutter des Kollegen war dran und wollte wissen, welches Nudelgericht der Sohn heute Abend essen möchte. Und wir werden niemals den Morgen nach einer langen Buchmessennacht vergessen, als auf einem Empfang ein sichtlich vom Alkohol noch angeschlagener Fernsehmoderator sich von hinten einer Dame näherte, einer bekannten Verlegerin übrigens, ihr den Hals küsste und ihr sehr laut ins Ohr flüsterte, ob sie sich noch an die Küsse der vergangenen Nacht erinnere. Und dann heftig zurückschreckte, als hätte ihn ein elektrischer Schlag getroffen. Es war die falsche Frau, er hatte sie verwechselt, aber das merkte er erst, als er sozusagen in ihrem Ohr steckte.

Erstaunlich ist das alles deshalb, weil all diese Leute, bei aller Peinlichkeit, gerne an diese Erlebnisse zurückdenken. Sie spüren, dieses Scheitern hat was zu tun mit Freiheit, mit Überraschung, mit Ausgeliefertsein. Plötzlich ist alles anders, unberechenbar und gerade deswegen kraftvoll. Endlich hat man mal die Norm verlassen.

So ist das mit den Irrtümern, den Fehlern: Wir sollten lernen zu begreifen, dass das immer die Spur zu einem Schatz sein kann. Liebe Leserinnen und Leser, probieren Sie es doch mal mit dem anderen Kosmos. Sammeln Sie nur Geschichten, in denen alles funktioniert, wo alle glücklich sind, angeblich wenigstens. Schätze? Nein. Langeweile? Ja, auch weil man den Idyllen misstraut. Man weiß ja selbst, wie selten sie stimmen.

Das Fehlerprinzip und seine Potenziale. Manchmal führt es übrigens auch zu einem Happy End, auf gewisse Weise. Erzählt wird die Geschichte von einem eher unsteten Gesellen, einem Glücksspieler, Pferdebesitzer, einem Lebenskünstler mit permanenten Geldsorgen. Der Mann hatte eine sehr komplizierte Beziehung zu seinem Vater, geprägt von Missverständnissen und Enttäuschungen. Jahrelang hatten sie sich nicht mehr gesehen, es herrschte Funkstille. Dann lag der Vater im Sterben, er rief nach seinem Sohn, wollte ihn dringend noch einmal sprechen.

Der Sohn fuhr in die Klinik und fürchtete, der Vater werde bestimmt sentimental. Aber es kam anders. Und danach fühlte er sich seinem Vater sehr nahe, er hatte nach langer Zeit wieder verstanden, dass sie doch vom selben Blut sind.

Der Vater hatte nicht viel gesprochen, nur: Nimm auf keinen Fall mein Erbe an, da gibt es nichts als Schulden.

22. Kapitel

Trost von einer Unbeugsamen:
Die Frau, die den Montag abschaffte

Im Isar-Tal, etwa dreißig Kilometer südlich von München, auf einem kleinen Parkplatz in der Kurve einer Bergstraße, ist an manchen Tagen folgendes Schauspiel zu beobachten:

Ein silbergrauer VW-Golf hält an, eine rotblonde Frau Mitte fünfzig steigt aus, öffnet den Kofferraum, wuchtet einen Rollstuhl heraus, klappt ihn auf, bringt die Beinstützen an, rollt ihn neben die Beifahrerseite und hilft jetzt einer kleinen, dünnen, alten Dame beim Aussteigen aus dem Auto und beim Besteigen des Rollstuhles. Dann verschwinden die beiden auf einem schmalen Weg im Wald, die eine die andere schiebend, eine Plastiktüte haben sie noch dabei, in der sich eine größere rote Kerze befindet.

Eine Grotte ist dort hinten unter den Bäumen, mit einem Marienbildnis hinter einem Gitter. Davor stehen abgebrannte Kerzenstummel am Boden. Die alte Dame entzündet ihre Kerze, die andere stellt sie auf, die zwei verharren einen Moment und kehren dann zurück zum Auto.

Zwei Dinge sind an diesem Vorgang bemerkenswert. Erstens: Die zwei Frauen sind dabei keinesfalls still. Sie reden ununterbrochen, sie kichern, sie lachen auch mal laut, sie stupsen sich. Und einmal, als sie wieder beim Auto waren, sagte die fast 80-jährige Dame im Rollstuhl: »Wir müssen uns jetzt beeilen, Anna, sonst kommen wir zu spät zu unserer Tanzstunde.«

Menschen, die vor einem Marienbildnis Kerzen aufstellen, erwarten Hilfe. Bitte, Mutter Gottes, mach, dass … Was nun unsere alte Dame betrifft, so muss man an zweiter Stelle bemerken, dass die Themen, bei denen sie Unterstützung will, nicht ganz die üblichen sind. Der Neffe soll am nächsten Tag sein Examen in Wirtschaftswissenschaften bestehen, der bayerische Ministerpräsident soll bitte endlich zurücktreten, der Essigbaum im Garten soll seine Blattläuse verlieren … Ein bisschen macht die Dame auch immer ein Geheimnis daraus, wann und wofür genau sie eine Kerze anzündet, aber die beiden Autoren wissen, dass schon mal die Forderung dabei war, die heilige Maria möge eine ausstehende Heizölrechnung aus der Buchhaltung des Lieferanten verschwinden lassen …

Wir kennen diese Frau schon lange, um nicht zu sagen: schon immer. Und wir haben länger überlegt, ob wir sie in diesem Buch auftreten lassen. Vielleicht ein wenig peinlich, über die eigene Mutter zu schreiben? Vor allem dann, wenn es keine Abrechnung ist, keine Aufarbeitung der Beziehung, sondern nur die Würdigung einer ganz besonderen Fähigkeit.

Andererseits tauchten die beiden Autoren ein Leben lang umgekehrt durchaus in den Texten von ihrer Mutter auf, in ihren Reportagen, Glossen und Büchern, in diversen Erziehungstipps vom Laufstall bis zum Studium, in Ratgebergeschichten von den Windpocken des Buben bis zur ersten Liebe des Teenagers, in lustigen Betrachtungen über die Sorgen einer Mutter wegen des Mopedführerscheins oder den Problemen im Umgang mit der Schwiegertochter …

Die besondere Fähigkeit, von der hier die Rede sein soll, hat etwas mit Unbeugsamkeit zu tun. Damit, dass man sich in seinem Blick auf das Leben nicht beirren lassen darf. Dass man die Kraft aufbringen muss, die Welt um sich herum so zu gestalten, wie man sie ertragen kann. Oder noch besser: mögen kann.

Die alte Dame im Rollstuhl hat in ihrem Leben einige Verluste hinnehmen müssen. Ihr jüngerer Bruder wurde als Kind unmittelbar nach Kriegsende beim Spielen auf der Straße von einer Handgranate zerfetzt. Beide Eltern starben jung, sie selbst war erst dreißig. Ihr drittes Kind überlebte die Geburt nur um ein paar Stunden. Ihre Ehe endete zu früh mit dem Tod ihres Mannes schon vor fünfzehn Jahren. Vor elf Jahren, in einem OP im Klinikum Großhadern, wurde ihr eigenes Herz aus dem Brustkorb geschnitten und durch das einer jungen Frau ersetzt. Überhaupt war sie körperlich schon immer eher anfällig, sie war nie sportlich, hatte keine große Muskelkraft.

Vor drei Jahren kam sie nach einem Klinikaufenthalt als Pflegefall nach Hause. Monatelang lag sie quasi aufgebahrt in einem stählernen Krankenhausbett in ihrem Wohnzimmer und konnte sich nicht bewegen. In dieser Zeit begann sie das Reisen in ihrer Erinnerung. Sie schritt beispielsweise nochmal ihren Schulweg zur Volksschule in Stuttgart ab, Schritt für Schritt, Pflasterstein für Pflasterstein, dort, wo sie als Mädchen jeden Morgen gegangen war, den kleinen Bruder an der Hand. Sie erzählte später, dass es erstaunlich sei, was das Gehirn da leiste, was alles zurückkäme, die Scherze, die man gemacht habe, die Gerüche und Geräusche, sogar die Namensschilder an den Häusern, man müsse nur Geduld haben und den Weg immer und immer wieder einschlagen.

Die Pflegerinnen Anna und Magdalena, die sich alle vier Wochen abwechselten, wurden bald Freundinnen. Der Gesundheitszustand besserte sich wider Erwarten, und schon nach kurzer Zeit erreichten uns, die beiden Autoren, merkwürdige Nachrichten. »Wir haben jetzt Tanzstunde« war eine davon, und es war kein Witz. Man hatte beschlossen, statt der Übungen, welche die Krankengymnastin aufgemalt hatte, lieber zu tanzen. Anna, oder im Turnus Magdalena, fiel die Rolle des Mannes zu: Sie führte, das bedeutete, sie griff der alten Dame unter die Arme und drehte sich mit ihr zu Musik von Pavarotti oder den Dire Straits. Jeden Tag findet das inzwischen statt, und die Anlage wird dabei so laut aufgedreht, dass auch die Nachbarn etwas davon haben. »Heute Abend haben wir Gäste zum Essen« bedeutet, dass sich beide Frauen stundenlang in der Küche aufhalten, eine steht am Herd, die andere sitzt im Rollstuhl und schabt mit der Hand schwäbische Spätzle. Und später sitzt ein ganzer Haufen von Leuten um den Tisch und redet. Manchmal zieht sich die Gastgeberin dann in ihr Bett zurück, das immer noch im Wohnzimmer steht, müde und etwas erschöpft. Dann meldet sie sich nur noch von Zeit zu Zeit zu Wort, je nachdem, wo sich das Gespräch am Tisch befindet, kann das eine Bemerkung zur Finanzkrise sein oder der Hinweis auf ein Gedicht von Hermann Hesse, das sie gerade gelesen hat.

Was die Frau in dem Stahlbett schnell erkannt hat: Eine häusliche Krankenpflegestation mit dem Geruch von Medikamenten, leisen Schritten im Flur, einer laut tickenden Uhr – das ist kein attraktiver Ort. Weder für sie noch für jemanden anders. Also hat sie vom Bett aus das Ganze zu einer Art WG umfunktioniert. Leute kommen und gehen, eine einbeinige Nachbarin ist darunter, eine junge Historikerin, ein pensionierter Gerichtsmediziner, ein Architekten-Ehepaar … Es wird debattiert, gelacht, gearbeitet, man tauscht Filme aus und schaut zusammen Champions League.

Und jetzt darf man sich bloß nicht täuschen: Was diese nette Melodie in dem kleinen Häuschen außerhalb Münchens allein in den letzten Monaten begleitet hat, waren unter anderem: ein Beckenbruch, zwei Unterleibsoperationen, mehrere Augenoperationen. Dreimal pro Woche wird die alte Dame außerdem von einem Krankentransport abgeholt und zur Dialyse gebracht, ihre Nieren arbeiten schon seit Jahren nicht mehr. Um diese ungewöhnliche WG und sich selbst trotzdem bei Laune zu halten, ist eine große Kraft am Werk, die Entschlossenheit, keine Stunde des Lebens, und keinen Quadratmeter des Daseins kampflos der Trostlosigkeit zu überlassen.

Wir, die beiden Autoren, haben unsere Mutter in vielen Krisensituationen erlebt, wir kennen den Blick, mit dem sie sich in eine eigene innere Welt zurückzieht, wenn die andere Welt unerträglich zu werden droht. Wenn sie diesen inneren Schutzraum erreicht hat, kann sie auf eine Weise Gelassenheit und Heiterkeit zeigen, die manchen Menschen auch schon unheimlich war.

Vor einiger Zeit fiel ihr Blutdruck in den Stunden der Dialyse immer wieder auf beängstigend niedrige Werte. Oft war sie kurz vor der Ohnmacht. Besonders unangenehm empfand sie das montags, nach ihrem »freien« Wochenende. Sie mochte die Montage noch nie, jetzt hatte sie allen Grund, sie erst recht zu hassen. »Wie war dein Montag?«, fragte einer der beiden Autoren am Abend eines solchen Tages am Telefon. »Ich habe keine Montage mehr«, war die Antwort. »Ich habe mit einer Schwester in der Dialysestation getauscht. Ihre Dienstage gegen meine Montage. Sie hat jetzt zwei Montage pro Woche – und ich zwei Dienstage. Wir sind beide happy.« Blutdruckwerte und Schwindel waren nach dem Telefonat kein Thema mehr.

Dieses Buch handelt vom Ernst des Lebens – und davon, dass man etwas dagegen tun muss. Vielleicht ist die Methode, ungeliebte Wochentage einfach abzuschaffen, nicht für jeden anwendbar. Aber wir dürfen dazu nochmal Goethe zitieren:

> Eines schickt sich nicht
>   für alle.
> Sehe jeder, wie er's treibe,
> Sehe jeder, wo er bleibe
> und wer steht, dass er
>   nicht falle.

Wie auch immer: Wir, die beiden Autoren haben uns von der Frau dieses Kapitels etwas geklaut. Immer wieder mal, die näheren Gründe tun jetzt nichts zur Sache, kann man einen von uns, mindestens einen, auf den kleinen Parkplatz fahren sehen. Dann steigt er aus und verschwindet im Wald. Und er hat Streichhölzer und eine Kerze dabei.

23. Kapitel

Helden der Heiterkeit (Schluss)

Der Sprung in eine andere Dimension

»Je mehr Leute um mich herum sind, desto einsamer werde ich.« Das sagt der tapferste Junge der Welt – und versucht, zum hundertsten Mal seinen Drachen steigen zu lassen, noch nie, nie, nie ist es ihm gelungen. Sein Vater ist Friseur, damit kann er nicht viel hermachen. Sein Baseballteam hat noch kein Spiel gewonnen, das kleine rothaarige Mädchen, in das er verliebt ist, will von ihm nichts wissen. Er ist der Spott seiner Clique, selbst sein Hund sieht in ihm nur den Futter-Lieferanten. Und manchmal, wenn er besonders traurig ist, lehnt er sich mit der Stirn an einen großen dicken Baum und bleibt eine ganze Weile so stehen.

Als der Zeichner Charles M. Schulz die ersten Comic-Streifen mit dieser Figur an einen Verlag schickte, wollte er sie betitelt haben mit »Guter alter Charlie Brown«. Nein, sagte die Redaktion, wir veröffentlichen das nur unter dem Titel »Peanuts«. Das war 1950. Der Zeichner hatte 28 Jahre seines Lebens hinter sich, eine Kindheit im mittleren Westen der

USA mit einem Vater, der aus Deutschland stammte und Friseur war, und mit einem kleinen Hund, der Spike hieß. Er hatte den Einsatz als Soldat im Weltkrieg hinter sich, in der 20. Panzerdivision, die in Frankreich kämpfte und dann das Konzentrationslager Dachau befreite.

Für die ersten sieben Zeichnungen der Peanuts bekam Charles M. Schulz zusammen 90 Dollar. Aber schon zwei Jahre später erschienen seine Zeichnungen in 40 Zeitungen der USA gleichzeitig, später in mehreren tausend Zeitungen und Magazinen auf der ganzen Welt. Man lachte und lachte, und man hörte nicht auf zu lachen – über diesen Charlie Brown und die Clique von anderen Kindern, Lucy, Linus, Schröder, über den Hund Snoopy mittendrin, über diese Geschichten, die ganz einfach gezeichnet waren und immer nur aus exakt vier Bildern hintereinander bestanden.

Wir haben an anderer Stelle dieses Buches festgehalten, dass jeder Mensch im Laufe des Lebens unweigerlich zu seiner eigenen Karikatur wird. Charles M. Schulz hat dieses Prinzip im Grunde umgedreht und die Karikatur des Erwachsenen schon in die Kindheit gelegt. Heimliche Nöte und Sorgen, erworbene Weisheiten und Dummheiten, die großen und kleinen Fragen, die spießigen Ängste und die mutigen Ausbrüche, sämtliche Verstrickungen der Erwachsenen – das alles projizierte er in das Revier einer Gruppe von Kindern. Und jeder Erwachsene, der über die Peanuts lachte, spürte genau, dass er über sich selbst lachte. Die Peanuts waren Titel auf dem Time-Magazin, sie hingen im Louvre in Paris, Snoopys Hundehütte wurde von Christo verpackt, Charlie Brown und seine Freunde waren für den Oscar nominiert. Schon 1971 erreichte das Merchandising eine Summe von 150 Millionen Dollar. Charles M. Schulz wurde mit Preisen überschüttet.

Wir wollen unseren letzten Helden der Heiterkeit aber noch einmal so zeigen, wie er selbst sich am allerliebsten gesehen hat: dick eingepackt in eine bunte Rüstung aus Schienbein- und Schulterschonern, mit Helm auf dem Kopf, Schlittschuhen an den Füßen und einem Schläger in der Hand. Charles M. Schulz war begeisterter Eishockeyspieler. Und wir sehen ihn jetzt vor uns auf dem Eis, bei einem Turnier auftretend, das er selbst ins Leben gerufen hat und das seit 1970 jedes Jahr stattfindet. Es ist das größte seiner Art. 64 Teams aus der ganzen Welt nehmen daran teil, berühmte Spieler sind dabei, und es gibt eine Besonderheit: Die Spieler sind alle Senioren, die Wettkampfklassen beginnen beim Alter von 40 Jahren und enden bei »über 75«. Das Bild, das wir hier aufrufen, zeigt ihn im Alter von 77 Jahren, kurz vor seinem Tod. Da hatte er schon das Ende seiner Arbeit angekündigt.

Als er am 12. Februar 2000 starb, räumte der Madison Square Garden in New York seine berühmte, riesige Leuchtanzeige frei – für ein Goodbye an Charles M. Schulz. Und nicht nur in New York und Amerika – überall trauerte man um den Mann, der es mit ein paar Bleistiftstrichen fertiggebracht hatte, dass die ganze Welt über sich selbst lachte.

Charles M. Schulz hatte jeden einzelnen der über 17 000 Comic-Streifen der Peanuts selbst gezeichnet. In seinem Testament verfügte er, dass niemand diese Reihe fortsetzen darf. Am Tag nach seinem Tod erschien, wie von ihm gewollt, sein letzter Comic. Er zeigt Charlie Brown auf einem Sessel sitzend. Im letzten Bild ist der Sessel nach hinten umgekippt, Charlie Brown dahinter verschwunden. Nur eine letzte Sprechblase ist sichtbar: »I'm out of this world.«